야구를 부탁해

YO MO NAI NONI by OKUDA Hideo
Copyright ⓒ 2009 by OKUDA Hideo
All Rights Reserved.
First original Japanese edition published by Bungeishunju Ltd., Japan 2009.
Korean hard-cover rights in KOREA reserved by
JANE BOOKS under the license granted
by OKUDA Hideo arranged with Bungeishunju Ltd., Japan
through The Sakai Agency, Japan and EntersKorea Co., Ltd., KOREA.

이 책의 한국어판 저작권은 (주)엔터스코리아를 통해 저작권자와 독점 계약한
도서출판 재인에 있습니다.
신저작권법에 의하여 한국 내에서 보호를 받는 저작물이므로
무단 전재와 무단 복제를 금합니다.

야구를 부탁해

초판 1쇄 펴낸 날 2011년 7월 6일　**2쇄** 펴낸 날 2011년 7월 15일
지은이 오쿠다 히데오　**옮긴이** 김난주　**펴낸이** 박설림　**펴낸곳** 도서출판 재인　**디자인** 오필민디자인
등록 2003. 7. 2 제300-2003-119　**주소** 서울시 강남구 도곡동 467-6 대림아크로텔 1812호
전화 02-571-6858　**팩스** 02-571-6857

ISBN 978-89-90982-43-8 03830　Copyright ⓒ 재인, 2011 Printed in Korea.

책값은 뒤표지에 표시되어 있습니다. 잘못된 책은 바꿔 드립니다.

야구를 부탁해

오쿠다 히데오

김난주 옮김

차례

또다시, 헤엄쳐 돌아가라   7

뉴욕 만세!   65

야구를 부탁해   119

아저씨, 록 페스티벌에 가다   153

작열하는 만국 박람회 관람 행렬 르포   197

세계 최고의 롤러코스터 '좋잖아요' 절규 체험기   213

시코쿠 섬 88 사찰 순례, 그리고 우동   229

또다시,
헤엄쳐 돌아가라

내 앞에 앉은 미국인 부자가 "코리아, 코리아"를 외친다.

왜 그러나 했더니, 일본 서포터들이 너무 시끄럽게 굴자

짜증이 솟아 일부러 상대 팀을 응원하는 것이었다.

주위의 중국인들도 대부분 한국 팀을 응원하고 있다.

그와 같은 관중석의 분위기가 그라운드로 전해졌는지,

8회 말, 투수가 이와세로 바뀌고 원 아웃 1루에서 타자는

요미우리 자이언츠의 이승엽. 눈이 번쩍 뜨이는

투런 홈런을 날렸다.

8월 16일 토요일

 아아, 덥다. 이 몸, 아테네에 이어 베이징 올림픽도 내 두 눈으로 관전하게 되었습니다!
 7, 8월에는 도통 일할 마음이 일지 않는다. 소설을 끼적거릴 만한 때가 아니다. 북반구에 사는 작가들 모두가 내 생각에 동의할 것이다. 그래서 나는 대체로 시원한 생맥주나 마시면서 뒹굴뒹굴 지낸다. 그동안 진구(神宮) 구장 3루 쪽 스탠드에서 욕설을 날리는 모습이 자주 목격되곤 한다. 그러면 세상의 편집자들은 '이때다' 하고 갖가지 기획안을 들고 나타난다. 후지 산에 오르지 않겠습니까? 여름 페스티벌에 가시지요. 단식 캠프는 어떠신지요? 그중에 베이징 올림픽이 있었다.
 "호시노 저팬(호시노 감독이 이끄는 일본 국가 대표 야구팀―옮긴이)을 베이징에서 관전하지 않으시렵니까?"
 호시노 저팬? 아테네에서 나가시마(이 감독은 건강 문제로 아테네에 가진 못했지만) 저팬이 동메달에 그친 경기를 처음부터 끝까지 다 봤는데 뭘. 그걸로 충분하다고.

"설욕하지 않아도 됩니까?"

됐거든요. 이제는 관계없는 일이에요.

"베이징, 비행기로 세 시간 반이면 날아갑니다. 중국 요리 맛있는 건, 아시죠?"

음, 중국 요리라……. 북경오리를 본고장에서 먹어 보고 싶기는 하다. 게다가 홍콩이나 타이완은 몇 번이나 가 봤는데 중국은 미지의 땅이다.

"주니치 드래건즈에서 선수가 네 명이나 출전한다던데요."

아니지, 다섯 명이야. 첸웨인이 타이완 대표로 소집되었거든.

"그럼 더욱이 가셔야겠네요."

그런데 베이징, 많이 더운가?

"덥기야 덥지요."

음. 도쿄에 있어도 덥다. 이러나저러나 마찬가지.

그런 사연으로 야구를 좋아하는 소설가, 비행기에 몸을 신게 되었답니다. 원고는 베이징 체재 중에 써야 한다는 조건을 알게 된 것은 출발 며칠 전이었고. 으윽.

오후 4시, 새로 건설된 베이징 수도 국제공항에 도착했다. 기다리고 있던 현지 코디네이터 이 씨와 합류, 곧바로 시내로 들어갔다. 택시 안에서 이 씨와 올림픽에 대해 얘기를 나눴다. 티켓은 전 경기 매진으로, 필요하면 암표상에게 사는 수밖에 없단다. 아테네에서는 당일권도 현장에서 쉽게 살 수 있었는데. 베이징의 올림픽 열기가 어느 정도인지 알 만하다. 다만 이 씨 자신은 그다지 관심이 없단다.

 일본 매스컴은 베이징 시내에 경찰이 쫙 깔린 것처럼 보도했는데 실제로 와 보니 그렇지도 않다. 별다른 긴장감은 없었다. 오가는 베이징 사람들도 평소와 그리 다를 것 같지 않다.

 이 씨가 이런 재미나는 얘기도 해 주었다. 탁구 선수 후쿠하라 아이(福原愛)가 왜 중국 사람들에게 인기를 모으는지. 물론 귀여운 외모 때문이기도 하지만, 그보다 후쿠하라 아이가 구사하는 중국어가 일본으로 치자면 도호쿠 사투리쯤 되기 때문이란다. 일본 여자 선수가 중국 사투리로 얘기하는 게 신기하고 또 친근하게 느껴져서 좋아한다는데, 오호, 그랬단 말이지.

 호텔에서 짐을 풀자마자 동행한 문예 담당 편집자 Y씨와 함께 야구장으로 달려갔다. 오늘은 저녁 7시부터 일본 대 한국의 중요한 경기가 있다. 일본은 지금까지 2승 1패. 나만 위태위태하다고 느끼지는 않을 것이다. 호시노 감독, 첫 경기인 쿠바전에서 패했을 때 안색이 싹 달라졌었다. 일본 대표 팀의 감독 호시노는 평소 투장(鬪將)이라 불리지만 의외로 섬세한 사람이다.

구장은 비록 가설 스탠드지만 잔디가 무척 아름답고 파울 존이 좁고 울타리가 없어서 경기를 보기에는 더없이 좋은 볼 파크다. 스탠드는 거의 만석. 관중은 일본인 30퍼센트, 한국인 30퍼센트, 현지인 30퍼센트, 나머지 10퍼센트는 야구를 좋아하는 백인이라 봐도 좋을 듯하다.

나는 3루 쪽에서 관전했다. 일본에서 날아온 서포터들이 가까이에서 열렬한 응원전을 펼치고 있다. 그에 질세라 한국 서포터들도 목이 터져라 응원하는 바람에 주위의 소음이 전쟁터를 방불케 한다. 집단 응원이 금지되어 있다는 보도를 일본에서 들었는데, 도대체 뭐가 금지라는 건지. 삑삑거리는 호루라기 소리와 욕설이 난무한다. 올림픽 역사상 가장 시끄러운 경기가 아닐까 싶다. 뒷자리에 앉은 백인 그룹은 모두 얼이 빠져 있었다.

어찌 되었든 간에 맥주. 또 오고 말았다. 야구와 맥주의 성전에.

Y씨가 사 온 중국산 감자 칩을 먹는다. 음, 이상야릇한 맛이다. 같은 감자 칩인데 왜?

경기는 투수전이었다. 일본의 선발 와다 쓰요시가 좋은 투구를 선보였지만 한국의 선발 좌완(김광현—옮긴이)이 한 수 위다. 3회까지 퍼펙트게임. 숨 막히는 투수전이다. 어쩐지 예감이 불길하다.

그러나 나의 불길한 예감을 날려 버리기라도 하듯 6회 말에 아라이 다카히로가 선제 투런 홈런을 뽑아냈다. 우히힉, 맥주 하나 더.

그런데 7회 초, 한국이 와다에게서 다시 투런 홈런을 뽑아내고 말았다.

왜 투수를 교체하지 않는 거지? 이와세, 후지카와, 우에하라로 이어지는 최강의 계투진은 대체 언제 써먹으려는 거야. 호시노 감독, 승부욕이 녹슬고 만 것인가.

관중석의 열기도 후끈 달아올랐다. 일본 서포터들 앞에서는 스기사쿠 J타로(일본의 인기 만화가—옮긴이)를 닮은 리더가 땀을 뻘뻘 흘리며 구호를 외치고 있다. 수고가 많으십니다. 그런데 좀 시끄럽네요.

스탠드를 지키는 경비들은 잠자코 경기를 지켜보고 있다. 자리를 옮기든 깃발을 흔들든 아무런 제재를 가하지 않는다. 오히려 듣기 싫은 소리는 하지 않겠으니 '여러분 마음껏 즐기시죠'란 식이다.

다시 경기. 9회 초 아베 신노스케의 악송구가 한국에 3점을 선물하고 말았다. 2 대 5. 일본 사람들 모두가 머리카락을 쥐어뜯는다. 예선이기는 하지만 여기서 꺾여 어쩌자는 것인지. 일본! 일본!

9회 말, 1점을 만회하고도 원 아웃에 주자 2, 3루다. 여기서 홈런이 나와 주면 극적인 끝내기 승. 타자는 G. G. 사토. 그러나 맥없이 삼진. 이어 대타 모리노, 기를 쓰고 배트를 휘두른다는 것이 내야 땅볼. 게임 오버.

아아, 모르겠다, 모르겠어. 2승 2패라고! 강호 쿠바와 한국에 이렇게 쉬이 무릎을 꿇고 말다니. 한심하다, 앞날이 걱정된다.

에잇, 밥이나 먹자, 먹어. 밤 10시 반, 기자석에서 관전한 스포츠 잡지 『넘버』의 편집자 T군과 합류, 셋이서 왕푸징(王府井. 베이징 최고의 번화가)으로 이동. 늦은 밤이라 그런지 열려 있는 식당이 없다. 어쩔 수 없이 길가에 있는 카페테라스에 들어가 맥주와 피자를 주문했다. 베이징에서 지내는 첫 밤에 피자라니. 그래도 맛은 그럭저럭 괜찮다.

그런데, 예선에 탈락하면 쓸 거리도 없어진다. 그렇게 되면 원고는?

"낙관적으로 생각하죠. 4위 안에만 들어가면 준결승전 진출이니까."

T군, 그렇게 말한다. 하긴. 내가 전전긍긍한다고 어떻게 되는 일도 아니다.

그건 그렇고, 오늘 어떤 경기가 있었지?

"여자 레슬링에서 요시다가 금메달, 이초가 은메달을 땄습니다. 그리고 육상 남자 100미터에서 볼트가 9초 69로 세계 신기록을 수립했고요."

허걱. 9초 69라고? 오늘의 일한전 따위, 전 세계가 관심 밖이었을 것 같다.

덧붙여 한마디. 자칫 과열되기 쉬운 일한전이지만 관중석의 분위기는 전혀 살벌하지 않았다. 한국 서포터들은 경기가 끝나면 구장에 떨어진 쓰레기까지 깔끔하게 처리하고 가는 보이 스카우트 같은 사람들이다.

T군의 목에 걸린 기자 출입증을 본 웨이트리스(18세쯤 되어 보이는데 귀엽다) 두 명이 다가와 같이 기념 촬영을 하고 싶단다. 마치 할리우드 스타라도 만난 것처럼 두 볼까지 발그레해 가지고서. T군, 좋아서 히죽거리며 응한다. 흥. 계산은 자네가 치르시게나.

어느 틈에 날짜가 바뀌었다. 밤하늘에 보름달이 둥실 떠 있다.

8월 17일 일요일

아침에 일어나 커튼을 연다. 회색인지 갈색인지 확실히

하라고, 왠지 그런 말이 튀어나올 듯한 베이징의 끔찍한 하늘. 일기 예보는 흐림 때로 비.

침대 옆에는 '대형' 냉장고가 떡하니 자리하고 있다. 어쩌다 이런 사태가 벌어졌느냐 하면, 편집부에서 호텔을 물색할 무렵 이미 일류 호텔은 모두 만실이었던 터라 긴급 조치로 '보통 호텔'을 예약했기 때문이다. 그런데 그 '보통'이란 것이 중국의 보통이었던 것. 한발 앞서 중국에 건너간 T군과 코디네이터 이 씨가 방을 보러 갔다가 아연실색했단다. 오오, 이건 이코노미에 가깝잖아. 일본의 유명한 소설가가 묵을 방이니 최소한 냉장고라도 있었으면 한다고 요청하자 호텔 측이 성의를 보여 가정용 투 도어 대형 냉장고를 비치해 준 것이다. 아마도 어디서 중고품을 구해 왔겠지만. 냉장고 문에 붙어 있는 '캔디 캔디' 스티커를 보니 찔끔 눈물이 다 나려고 한다. 냉장고에 역사가 어려 있음이라.

"지금 찾아보면 일류 호텔이라도 빈 방이 있을 텐데 방, 바꾸시렵니까?"

도쿄 편집부의 일성.

음, 하긴 호텔이 좀……. 그러나 나는 타인의 성의를 외면하는 매몰찬 인간이 아니다. 냉장고 콘센트가 일제라 사용할 수 없다는 것을 알았을 때, 귀여운 여자 종업원(추정 나이 16세. 영어 전혀 통하지 않음)이 사방을 뛰어다녀 어댑터를 구해다 주었다. 그것도 웃는 얼굴로. 이런 종업원의 노력을 어찌 헛되이 할 수 있으랴. 나는 언제든 프롤레타리아 편이다.

아무튼, 당분간 참아 보겠습니다. 이미 젊지 않은 이 몸, 싸구려 호텔 체험은 마지막이 될지도 모르니까요.

오늘은 여자 마라톤 경기가 있는 날. 골인 지점인 스타디움의 입장권은 없지만 코스 연변에서는 공짜로 관전할 수 있다. 편집부에서 조사한 바로, 35킬로미터 지점에 일본인 관광객만 들어갈 수 있는 구역이 있다고 해서 그곳에 가기로 했다. 호텔 프런트에 택시를 불러 달라고 부탁하려 했는데 영어가 전혀 통하지 않는다. 네, 그럽죠. 길에 나가 잡지요.

오전 8시 반, 즈춘루(知春路)라는 장소에 도착해 보니 과연 있다, 일본 사람들이. 아쉽게도 노구치 미즈키(2004년 아테네 올림픽 여자 마라톤 금메달리스트―옮긴이)는 출전하지 않지만 여자 마라톤에 거는 기대가 크다. 근처에 있던 한 중국인 가이드가 자신의 투어객들에게 "아키하바라 사건(2008년 6월 일본의 아키하바라에서 발생한 무차별 살인 사건―옮긴이) 같은 일이라도 생기면 큰일이잖아요." 하며 일본인들을 위한 구역이 따로 설정된 이유를 설명한다.

"일본인입니까?"

경찰관이 일본말로 묻는다. 그렇다고 하자 로프를 들어

올리고 안으로 들여보내 주었다.

지금 중국의 경찰은 무척 우호적이다. 지난 몇 년 동안 일본의 매스컴은 데모를 진압하는 중국 경찰의 모습 등 폭력적인 영상만 지속적으로 보여 주었다. 그 탓에 나 역시 발을 딛기 전에는 약간 졸아 있었는데, 올림픽 경비에 관한 한 모두들 웃는 얼굴로 임하고 있다. 위협적인 인상이라고는 조금도 없었다.

7시 반에 출발했으니 벌써 한 시간이 경과했다. 휴대 전화로 스타디움 기자석에 있는 T군에게 경기의 진행 상황을 물어보았다.

"도사 레이코는 일찌감치 뒤로 빠졌습니다."

기자들이 전하는 바에 따르면 도사 레이코는 컨디션이 완벽하지 않았던 것 같다(예의 무지외반증 때문일 것이다). 노구치가 결장하게 되는 바람에 에이스 주자로 승격, 카메라 앞에 끌려 나가 '결의 표명'까지 해야 했으니 마라톤 선수 생활도 고달프군요.

같은 구역에 섞여 있는 영국 사람들은 "GO! GB(Great Britain)!"를 합창하고 있다. 어째 외국인 거주지 같은 분위기다.

9시 반, 서쪽에서 함성이 일었다. 공안의 선도차가 모습을 나타내자 엄청난 환호성에 가로수마저 흔들흔들한다. 선두는 루마니아의 콘스탄티나 토메스쿠. 일찌감치 독주 상태다. 빠르다, 빨라. 눈 깜빡할 사이에 내 앞을 지나갔다. 100미터 정도 뒤처진 2위 집단에 중국인 선수가 섞여 있다. 반대쪽 보도는 야단법석. 오성홍기가 휘날린다. 그리고 또다시 50미터 뒤처져 일본의 나카무라가 통과. 힘내라, 나카무라! 이제 조금만 견디면 당분간은 자유다. 자고 싶은 만큼 자고, 먹고 싶은 만큼 먹을 수 있다고.

폴라 래드클리프(여자 마라톤 세계 기록 보유자—옮긴이)는 한참을 뒤처져 고통스러운 표정으로 35킬로미터 지점을 통과했다. 영국 사람들이 열심히 성원을 보내고 있지만, 상위권을 따라잡기는 힘들 것 같다. 여자 마라톤도 이제 세대가 교체되는가.

도사 레이코 선수는 나타날 것 같지 않아(결국 25킬로미터 지점에서 기권했다고 한다) Y씨와 둘이 자리를 뜨기로 했다. 돌아가는 길은 지하철. 2위안으로 모든 노선을 이용할 수 있다. 청결하고 쾌적한 베이징의 새 교통 시스템이다. 그러나 도중에 급정거 한 번. 이건 애교로 봐주죠, 뭐.

고급 호텔이 줄지은 진바오지에(金宝街)에서 눈에 띄는 레스토랑에 들어갔다. 이른 아침이라 그런지 손님은 우리뿐이다. 메뉴를 본들 뭐가 뭔지 알 수 없으니 대충 면류와 장아찌류를 달라고 주문한다. 잠시 후 전통 의상을 입고 머리에는 관 같은 장식을 얹은 웨이트리스가 해선탕면과 찐

만두를 조심조심 들고 왔다. 오오, 이 맛이야. 이것이야말로 본고장의 중화요리.

그런데 계산을 치르는 단계에서 화들짝 놀라고 말았다. 한 명당 100위안, 일본 엔으로 하면 1,600엔. 긴자 아스타(일본의 중식 레스토랑 체인—옮긴이)급 가격이다. 우리도 모르게 고급 음식점에 들어간 모양이다(알고 보니 궁중 요리점이었습니다!). 어째 입구에서 보안 검사까지 하더라니. 하기야 주위에 고급 부티크가 즐비한 곳이다. 이 또한 베이징의 새로운 일면이다.

나 혼자 호텔로 돌아와 원고를 쓴다. 아아, 우울하다. 8일 동안 『넘버』 본지와 별책을 합해 60매를 써야 한다. 월 생산량 400자 원고지 100매짜리 게으름뱅이 소설가에게 그런 의뢰를 하다니, 참 염치도 없으십니다.

원고 10매를 써 놓고 오후 4시 반에 Y씨와 호텔을 나섰다. 오늘 밤에는 국가 체육장(베이징 올림픽 주경기장)에서 육상 경기를 관람할 예정이다. 실은 이 티켓, 이 씨가 암표상에게 산 것이다. 이왕 온 거 메인 스타디움을 구경하고 싶다고 떼를 부렸더니 딱 한 장 구해다 주었다. 정가 400위안짜리를 약 네 배에 가까운 1,500위안(약 2만 4천 엔)에 샀단다. 와우, 거 되게 비싸네!

가는 도중 둥화먼(東華門) 메이스팡예스(美食坊夜市)라는 포장마차 거리에서 배를 채운다. 양고기 꼬치구이, 그리고 양고기와 중국 야채가 든 햄버거, 차오멘(炒麵. 볶은 국수), 군만두……. 그리고 길가 카페테라스로 이동해 맥주 한 잔. 아아, 배부르다.

지하철을 타고 올림픽 공원으로 가려는데, 티켓이 없으면 아예 공원에도 못 들어간다는 것을 알게 되었다. 밖에서 구경이라도 하겠다며 따라온 Y씨, 가슴을 좍 펴더니 길거리에 우글거리는 암표상을 향해 돌격! 나 혼자 먼저 갔다.

올림픽 공원은 실로 광대한 시설이었다. 게이트에서 스타디움까지 가는 데 좋이 2킬로미터는 걸어야 한다. 게다가 10층짜리 빌딩에 맞먹는 높이를 계단으로. 헥헥.

내 자리는 메인 스타디움의 거의 꼭대기. 거기서 내려다 보이는 스타디움 전체의 광경이 압권이었다. 숫자를 속이고 말고 할 것도 없이 그야말로 만원. 이것이 9만 명의 위엄인가. 지붕에 반사된 함성이 고막을 왕왕 울린다. 맞은편 경기장 울타리가 아른거려 보일 정도다. 내 평생에 이런 인파는 처음 본다. 이 스타디움이 연일 만원이라니.

13억 인구의 힘이 이렇듯 굉장한 것인가. 아테네와는 비교가 되지 않는다. 다음 개최지인 런던은 '이렇게까지 대대적으로 해야 하나' 골머리를 썩지 않을까. 사회주의 국가가 나라의 위신 운운하면 자유주의 국가는 대적할 수 없다. 도쿄 올림픽, 만약 유치에 성공한다면 간소하게 하자고요. 개회식도 두 시간이면 충분합니다. 경기장을 새로 건설할 필요도 없고요.

그런 생각을 하면서 맥주와 핫도그를 먹었다. 음, 소시지는 불가사의한 맛이다.

운동장에서는 무로후시가 해머를 던지고 있다. 두 번째 해머를 던진 지금, 4위. 위에서 내려다보는 꼴이라서 해머가 공중으로 둥실 떴다가 소리도 없이 떨어진다. 투척 종목은 위에서 보면 안 된다는 것을 알았다.

휴대 전화가 울린다. Y씨가 암표상에게 1,100위안을 주고 티켓을 구입해 입장에 성공했단다. 박력 넘치는 분게이슌쥬(文藝春秋) 맨이다. 위법이지만.

무로후시는 결국 5위에 그쳤다. 해머던지기의 승자는 슬로베니아 선수. 근처에 있던 슬로베니아 응원단의 열기가 최고조에 달했다. 무로후시가 실패할 때마다 환성이 일었으니, 라이벌 선수가 누구인지 안다는 뜻이다. 본국에서는 인기 종목인가 보다.

다른 쪽에서는 남자 높이뛰기 경기가 진행 중이었다. 다이고라는 일본 선수도 있다(누군지 몰라서 죄송합니다). 전혀 눈에 띄지 않는 무명의 육상 종목 선수가 지인들만의 성원

속에 경기에 임하고 있는 것이다. 다이고 선수, 2미터 10센티미터를 세 번째 도전에 성공, 2미터 15센티미터도 세 번째에 성공, 2미터 20센티미터는 세 번 모두 실패. 다이고 선수, 저는 보고 있었습니다.

그 후로는 일본 선수의 출전이 없었다(있었다면 큰 실례). 오늘의 볼거리는 여자 100미터다.

밤 10시, 여자 100미터 경기가 시작됐다. 관중들 총 기립. 환성이 소용돌이친다. 결승에 올라온 멤버를 보고는 피식 쓴웃음이 나왔다. 자메이카 세 명, 미국 세 명, 영국과 바하마가 각 한 명씩. 영국 선수도 흑인인 걸 보면 자메이카나 유사한 나라에서 귀화한 선수일 것이다. 남자도 그렇지만, 단거리 종목은 카리브 해 천하다.

드디어 출발. 순식간에 10초가 지났다. 자메이카 선수가 1, 2, 3위를 석권해 시상대를 독점한다. 으음, 이건 민족의 격차라 할 만한 현실이로군.

슬슬 피로가 몰려와 호텔에 돌아가기로 했다. 올림픽 스타디움에서 쏟아져 나오는 인파는 인터내셔널 퍼레이드. 백인 하나가 "데이 오(Day—O)!"라고 외친다. 그러자 또 다른 누군가가 "데이 오!" 하고 받는다. 그리고 '바나나 보트' 합창이 시작되었다. 와우. 마음이 훈훈해진다. 합창 소리는 플랫폼까지 계속되었다(Day—O는 자메이카의 민속악이자 해리 벨라폰테의 노래 '바나나 보트 송' 첫 부분으로, 자메이카 이민 2세인 해리 벨라폰테가 자신의 노래에 자메이카의 민속악 Day—O를 삽입해 크게 히트시킨 바 있다 — 옮긴이).

실로 바람직한 광경. 경기가 끝나면 모두가 한 인류다.

나도 그중의 한 사람. 인류로 태어나기를 잘했다.

8월 18일 월요일

날씨는 쾌청. 하늘이 파랗다. 대기 오염이 심각한 문제로 대두되었던 베이징 올림픽이지만 까다로운 교통 통제 덕분인지 마스크의 필요성을 느끼지 않는다. 역시 매스컴은 과장이 지나치다. 올림픽 관전 투어의 티켓이 다 팔리지 않은 것은 부정적인 보도 탓이 크다.

그보다, 많이 지쳤다(저도 나이를 먹었습니다). 어제는 10킬로미터 가까이 걸었는데, 그게 다 지도 때문이었다. 가이드북에 실린 지도를 보고 한 블록 정도니 걸어도 되겠지, 하고 걸었는데 한 블록 거리가 장난이 아니었다. 톈안먼(天安門)의 동쪽 끝에서 서쪽 끝만 해도 지하철로 역 하나 거리다. 그런 걸 모르고 다짜고짜 걸었으니. 사흘째에 벌써 기운이 달린다. 앞으로는 가까워도 택시를 타야겠다.

덧붙여 한마디. 베이징의 택시 운전사들은 영어는 전혀 몰라도 태도는 만점이다. 다만 운전이 거칠다. 뒷좌석에 앉아 "으아악!" 하며 눈을 질끈 감는 일이 하루에 한 번 정도는 꼭 생긴다는 보고를 드리는 바입니다.

오전 9시 반, 호텔에서 나와 우커송(五棵松) 구장으로 향했다. 오전 10시 반부터 대 캐나다전이 있다. 오늘만큼은 느긋하게 관전하고 싶다. 상대 팀은 선수 대부분이 메이저리그의 마이너 선수라니까 수준으로 봐서는 일본의 2군 이하일 것이다.

햇볕이 쨍쨍 내리쬐는 날씨, 우선은 맥주와 불가사의한 맛의 소시지.

살이 바직바직 타 들어간다. 그늘이 없어서 관전도 고달프다.

1루 쪽 스탠드로 올라가니 아, 오늘도 있군요, 있어요, 어제의 서포터들. 경기 전부터 "일본! 일본!"을 외치고 있다. 객석 점유율은 절반 정도로 어디든 마음대로 앉을 수 있어 그들에게서 약간 떨어진 곳에 자리를 잡았다. 한편, 캐나다 응원단은 서른 명 정도. 일본의 응원에 다들 눈이 둥그렇다.

백네트 뒤쪽에서 유도 선수 스즈키 케이지의 모습을 발견했다. 자신은 노메달에 그쳤지만 일본 팀 주장이라는 입장 때문에 먼저 귀국길에 오르지 못했을 것이다. 나는 아테네에서 그가 금메달을 획득하는 순간을 목격한 사람이라 연민을 품지 않을 수 없었다. 견뎌 내라 스즈키, 좋은 일이 있으면 나쁜 일도 있는 게 인생 아닌가.

일본의 선발은 롯데 마린스의 나루세 요시히사. 부탁하네, 나루세. 상대는 한 수 아래니까.

드디어 경기가 시작되었다. 나루세가 잘 던지는 건 당연한 일이지만, 캐나다 팀의 젊은 투수가 예상외로 잘한다. 또다시 불길한 예감이 엄습. 일본은 졸공의 연속으로 3회까지 2병살타다. 그리고 캐나다는 두 번째 타순에 들어서면서 배트의 중심에 공을 맞히기 시작했다.

4회 말, 캐나다 팀에서 첫 안타가 나왔다. 이어 불규칙 바운드로 2루타가 나와 원 아웃에 주자는 2, 3루. 아아, 싫다, 싫어. 오늘도 조마조마 살 떨리는 경기를 할 셈인가.

나루세, 연속 삼진으로 위기 탈출. 서포터들은 환호하지만 그보다는 한 점이라도 점수를 내 다오.

5회 초, 이나바 아쓰노리의 선제 솔로 홈런. 관중들 전원이 기립한다. 이제야 1 대 0. 겨우 스코어가 움직였다. 그러나 후속타 없음.

6회 초, 나카시마 히로유키가 내야 에러로 출루, 무사 1루.

아오키, 삼루 땅볼. 아라키, 투수 앞 땅볼. 모리노가 초구를 쏘아 올렸지만 캐처 플라이 아웃. 어이, 잘 좀 해 보라고.

나루세는 7회에 안타 두 개를 얻어맞았지만, 다행히 상대 팀에게 점수를 내주지 않고 마운드에서 퇴장했다. 대단하다. 역시 나루세는 대단하다. 두 번째 투수는 후지카와 규지. 8회까지 무난히 0점을 지켜 냈다.

9회 초, 아라키가 내야 안타. 상대 팀의 견제 악송구로 노 아웃에 3루, 빅 찬스다. 타선은 3번부터의 클린업 트리오. 이 상태에서 점수를 내지 못하면 자네들, 헤엄쳐 돌아가야 해!

아아, 그런데, 그런데……. 모리노 일루 땅볼, 아라이 삼루 땅볼, 이나바는 고의 볼넷으로 일루에 진루. 그리고…… 무라타가 어이없이 삼진. 어이, 자네들 경기할 마음이 있는 거야 없는 거야. 스탠드에 있는 선량한 일본 관중이 머리를 부여잡는다.

아무리 캐나다 팀에 유망한 젊은 선수들이 포진하고 있다지만, 그래 봐야 마이너 리거다. 2A, 3A(마이너 리그 중에서 상대적으로 등급이 높은 리그—옮긴이) 선수들은 8월 말까지는 메이저로 승격될 가능성이 있기 때문에 대표 팀에 소속되기를 거부했다. 다시 말해 고육지책으로 꾸린 팀이라는 얘기다. 상대 투수와 연봉 차가 얼마나 되는지 어이 무라타, 대답해 보라고.

9회 말 우에하라 고지 투수, 덤덤한 표정으로 삼자 범퇴. 승리의 순간 주먹을 불끈 쥐고 높이 쳐든 것을 보면 실제로는 긴장했던 모양이다.

이기기는 했는데, 응원한 한 사람으로서 만족감이 전혀 없다. 이 팀은 아직까지 분위기를 못 타고 있다.

경기 종료 후 관객들이 벤치 앞에 있는 선수들에게 말을 걸자 선수들이 친절하게 손을 흔들어 준다. 멀리까지 응원하러 와 주어 고맙다는 뜻인가. 나도 제일 앞줄에서 나루세와 이나바에게 성원을 보냈다. 애쓰셨습니다. 내일 있을 중국전에서는 맥주 한 잔, 여유롭게 즐길 수 있게 해 주시지요.

경기장에서 나와 지하철을 타고 톈안먼으로 간다. 난생처음 베이징에 왔으니 고궁 박물원을 알현하지 않아서야.

톈안먼 앞은 인산인해였다. 사진과 영상으로 보아 익숙한 장소에 실제로 가 보면 '상상했던 것보다 작다'는 인상을 받는 경우가 많은데 톈안먼은 달랐다. 크다. 정말 크다. 한가운데 마오쩌둥의 초상화가 있고, 좌우에는 '중화인민공화국 만세', '세계 인민 단결 만세'라고 쓰인 현수막이 걸려 있다. 음, 전자는 그렇다 치고 후자에 관해서는 다소 불안한 느낌이 든다. 일본 사람들은 단결의 끔찍함을 60여 년 전에 이미 알았으니까. 이 몸, 서로를 존중하는 게 최고라고 생각합니다.

 문을 지나 60위안을 주고 티켓을 사서 안으로 들어갔다. 으헉, 크다, 넓다. 구미 열강이 위협을 느낄 만하다. 궁궐의 스케일이 이 나라의 권력 투쟁이 얼마나 치열했는지를 말해 준다. 쉽게 굴복할 상대가 아니라는 것을 이 궁궐을 통해 만방에 알린 것이다. 이런 역사적인 건물이 수도 한가운데 있고 누구나 들어갈 수 있다는 것은 정말 부러운 일이다. 도쿄로 돌아가면 영화 〈마지막 황제〉를 다시 봐야겠다.

 매점에서 복숭아 맛 아이스캔디를 샀다. 맥주가 없으니 이거라도. 그러고는 오로지 걸으면서 구경하는 것뿐이다. 관람객 대부분은 중국인, 그것도 지방에서 올라온 사람들인 듯하다. 인구가 13억이나 되니 방문객들의 발길이 끊이지 않는 게 당연하다.

 세 시간이나 걷고서야 호텔로 돌아왔다. 저녁을 먹기 전까지는 원고를 써야 한다. 아아, 피곤하다.

 텔레비전을 켜 놓은 채로 원고를 쓰고 있는데, 올림픽 중계 프로그램에서 중국 코치가 울고 있다. 무슨 일인가 싶어 자세히 보았더니, 남자 100미터 허들의 간판스타 류시앙(劉翔) 선수가 뒤꿈치 부상으로 1차 예선에서 기권했기 때문인 듯했다. 오 마이 갓. 중국어로 하면 '歐我的神'인가. 길거리 인터뷰에서도 많은 베이징 시민들이 눈물을 흘리고 있었다. 이 무슨 불행이람. 류시앙은 안방에서 개최되는 올림픽 최대의 주역이며 중국 스포츠의 아이콘이다.

저녁 6시 반, 왕푸징에 있는 북경오리 집 '취엔쥐더(全聚德)'에서 Y씨와 T군, 이 씨와 나, 넷이서 만찬. 베이징에 온 지 사흘 만에야 처음 먹어 보는 본격 중화요리다. 생각해 보니 경기가 주로 밤에 치러지는 탓에 느긋하게 저녁을 즐길 수 있는 날은 사흘이 채 안 된다. 여러분, 일거리는 덜컥 맡지 마세요. 꼼꼼하게 확인한 후에 맡읍시다.

취엔쥐더는 세계에서 가장 유명하고 유서도 깊은 북경오리 집이다. 기다리는 손님들로 입구가 북적거렸다. 이 씨 말에 따르면 예약을 하는 것도 쉽지 않단다. 아무튼, 드디어 본고장에 왔습니다. 저 멀리 일본에서.

이 씨가 류시앙 선수에게 동정을 금치 못한다. 올림픽에는 별 관심이 없다는 이 씨도 충격을 받은 모양인지 불쌍하다며 마치 친척의 불행을 슬퍼하는 듯한 표정이다. 류시앙이 출전할 예정이었던 100미터 허들 결승전 티켓은 암표상 사이에서 4,000위안(약 6만 4천 엔)까지 값이 치솟았다고 하니, 산 사람도 불쌍하다.

본고장 맥주로 건배. 전채도 없이 불쑥 북경오리가 나온다. 껍질뿐인 일본식 북경오리와 달리 살도 붙어 있다. 바삭

하고 향기로운 껍질에 육즙이 풍부한 살이 붙어 있는 것이다. 그 살을 얇은 밀전병에 파, 오이채와 함께 올려 달짝지근한 소스에 찍은 후 돌돌 말아서 먹는다. 커, 맛있다. 입가가 절로 벌어진다(상상이 되시죠?).

지난 몇 년 동안 일본 매스컴은 반중 감정을 부채질하는 (오래도록 친중 관계가 유지된 데 대한 반작용인지) 보도를 일삼아 왔지만, 나는 이런 식문화를 지닌 민족을 진심으로 존경한다. 국민성이 별나다는 주장에는 일본의 국민성이야말로 세계와 가장 동떨어져 있다고 되받아치고 싶다.

이 씨가 오리의 머리 튀김을 권한다. 용기를 내어 먹었다. 뇌수 맛이 꼭 간 같더군요.

마지막에는 오리뼈 수프가 나왔다. 깊고 진한 맛이란 이런 맛을 두고 하는 말이다 싶을 정도로 일품이었다. 대만족. 목적을 달성했다. 이제 일본으로 돌아가도 될는지?

"안 되죠. 야구 결승전은 23일입니다."

T군이 답한다. 결승에 진출하지 못하면?

"긍정적으로 생각하자니까요."

아, 그렇지. 할 수 없군.

신나게 배불리 먹었더니 기분이 좋아졌다. 다른 요리를 더 주문했는데도 한 명당 2천 몇백 엔 정도밖에 안 된다. 비바 베이징. 거들먹거리고 괜히 비싸기만 한 도쿄의 중국 레스토랑이 얄미워졌다.

8월 19일 화요일

 오전 9시에 잠이 깼다. 피로가 쌓였는지 무려 열 시간을 숙면했다. 오늘은 저녁 6시부터 대중국전이 있으니 낮에는 호텔에 꼭 틀어박혀 원고를 쓸 생각이다. '19일까지의 체재 일기 전반부를 20일 아침까지 부탁합니다.'란다. 분슌(분게이슌쥬의 줄임말)에는 배짱이 두둑한 편집자들이 즐비하다.
 호텔에 식당이 없어서(믿기 어렵죠?) Y씨와 밖으로 나갔다. 최대한 걷지 않기 위해서 가까운 거리인데도 택시를 잡아탔다. 오전 10시에 문을 여는 왕푸징의 한 백화점에 들어가 식당가로 가려는데 실내에 불이 켜져 있지 않다. 10시 개점이란 종업원이 출근해서 문을 여는 시간이라는 뜻인가 보다.
 잠시 기다렸다가 점심을 먹었다. 죽을 먹고 싶었는데 손가락으로 가리키며 주문하니 종업원이 잠자코 고개만 옆으로 젓는다. 아직 준비가 안 되었다는 뜻인지, 먹지 말라는 뜻인지.
 다른 손님은 접시 하나에 채소와 고기가 가득 담긴 밥을 먹고 있다. 양이 상당하다. 나는 도저히 못 먹을 것 같아 중국식 주먹밥을 먹고 끝냈다. 그런데 이 시간대에 백화점 식당에 있는 사람들은 대체 어떤 계층일까. 베이징 거리를 걷다 보면 남자든 여자든 정장 차림을 한 사람이 전혀 없어 놀랍다. 오늘로 나흘째인데 한 명도 보지 못했다. 회사원이 없을 리 만무하니 중국이 서구의 정장 개념에 굴하지 않았다는 뜻일 것이다. 일찌감치 기모노를 버린 일본과는 엄청난 차이다.

호텔로 돌아와서는 오로지 원고에 매달렸다. 문예 편집자 Y씨는 "그럼, 잘 부탁합니다." 하면서 가볍게 손을 흔들고 돌아서서는 혼자 시내 관광에 나섰다. 나를 지키고 있어야 하는 거 아닙니까.

또 텔레비전을 켜 놓고 집필. 류시앙 선수의 뉴스가 몇 번이나 반복되고 있다. 일본 선수들의 성적은 전혀 알 수 없다.

오후 4시. 관광을 끝내고 돌아온 Y씨와 왕푸징으로. 하얀 맨쌀밥이 너무 먹고 싶어 일본 레스토랑에서 커틀릿 카레와 맥주를 시켰다. 야, 맛있다. 아, 그러고 보니 이 몸, 일본 사람이었군요. 앞으로도 애용하겠습니다. 무엇보다 내가 뭘 주문했는지 알 수 있어 반가웠다.

식사를 끝내고 예의 야구장으로 향했다. 저녁 시간대라 붐비는 데다 택시가 좀처럼 잡히지 않아 30분이나 늦었다.

경기장의 보안 검사에 대해 몇 마디. 젊은 자원 봉사자들이 실시하고, 경찰의 모습은 보이지 않는다. 우선 티켓을 적외선으로 검사한 다음 몸수색과 소지품 검사를 한다. 가방의 내용물은 일일이 들춰 본다. 내 경우 주니치 드래건즈의 타월을 갖고 있었는데 매번 펼쳐서 글자를 확인시켜야 했다. 'FREE TIBET' 같은 글자가 적혀 있다가는 큰일 나겠죠.

젊은 봉사자들의 얼굴이 환한 미소로 가득하다. 일본전 때는 "안녕하세요?", "안녕히 가세요."라고 일본말로 인사까지 해 주었다. 인상이 참 좋다. 어제 이 씨가 가르쳐 주기를, 도쿄 도지사 이시하라 신타로(石原愼太郞. 일본 극우파의 대표적 인물로, 1980년대 이후 끊임없는 망언으로 주변국들의 분노를 사고 있다―옮긴이)가 베이징 올림픽 자원 봉사자들의 태도를 칭찬한 사실이 이쪽 매스컴에 크게 보도되었단다. 중국에 잘 알려진 일본 정치가로는 이시하라 신타로와 고이즈미 준이치로(小泉純一郞. 전 일본 총리. 일본의 역사 왜곡 교과서를 옹호하고 야스쿠니 신사 참배 의사를 표명하는 등 우경화 정책을 폈다―옮긴이)가 있다. 물론 중국 입장에서는 달갑지 않은 인물이라서 칭찬이 더욱 반가웠는지도 모르겠다.

그건 그렇고, 경기는? 도착해 보니 3 대 0으로 일본이 리드하고 있었다. 아아, 다행이다. 오늘은 편한 마음으로 관전할 수 있겠군. 투수는 와쿠이 히데아키, 포수는 야노 아키히로. 어제와 비슷하게 1루 쪽, 앞에서 두 번째 줄에 자리를 잡았다. 꽤 좋은 자리인데 공교롭게도 중국 벤치 언저리라 주위에는 온통 중국 사람들뿐이다. 그래서 얌전히 관전하기로 했다. 그런데 바로 옆 자리에 일본인 부부가 있었다. 득점 상황을 물었더니 'G. G. 사토부터 삼연속 적시타'란다. 하아, 이제야 타선이 살아났군.

"그리고 요 앞자리에 앉은 여자, 중국 팀 포수의 애인인가 봐요."라고 가르쳐 준다.

흠, 아닌 게 아니라 그가 타석에 서면 카메라를 들고 몸을 앞으로 쑥 내민다. 눈길이 마주치면 살짝 윙크를 주고받기도 하고. 청춘이로군요, 좋겠습니다. 부디 행복하시길.

예의 일본인 서포터들은 3루 쪽에서 목이 터져라 응원하고 있다. 오늘 밤에는 전통 의상도 등장했다. 중국 사람들은 과연 어떻게 볼지. 맞서서 응원하려 해도 서포터의 역사가 오래지 않은 탓에 기껏해야 "짜요우(파이팅)! 짜요우!"를 합창할 줄밖에 모른다. 응원전에서도 '타도 일본'을 외쳐 주시지요.

경기는 낙승이었다. 딱히 쓸 거리가 없을 정도다. 3회에 이나바의 적시타가 나왔고, 6회에는 니시오카의 투런 홈런 등 타자들이 줄줄이 때려 10대 0. 7회 초에 콜드 게임으로 승리했다. 승리 투수는 와쿠이. Y씨에게 전화를 걸어 물어

보니 이 네 번째 승리로 준결승에 오를 네 팀이 결정되었다고 한다. 휴우. 이제야 원고도 좀 폼이 나겠군요.

경기 종료 후 양 팀 선수가 그라운드에 정렬해 서로에게 악수를 청했다. 오오, 예선에서는 처음 보는 광경이다. 누가 제안했는지 모르겠지만 흐뭇하고 더없이 멋지다. 그리고 중국 팀 감독 짐 르페브르는 과거 일본에서 선수로 활약했던 미국인으로, 호시노 감독, 다부치 고이치(일본 대표 팀 타격 코치), 야마모토 고지(수비 코치)와는 구면이다.

야구도 좀 더 국제화되어야 하는데, 올림픽에서는 이번이 마지막이라니 좀 심하지 않습니까? 이 멋진 볼 게임을 유럽에도 퍼뜨려야죠.

내일 아침에 일본으로 돌아가는 Y씨와 왕푸징의 한 카페 테라스에서 맥주.

"원고, 아무쪼록 잘 부탁드립니다."

알았다고요. 나는 앞으로도 닷새 동안 일해야 하는 신세. 후우. 하지만 이런 건수라도 없으면 나, 절대 여행길에 오르지 않는 사람이다.

평일의 밤늦은 시간인데도 길거리에 사람들이 가득하다. 젊은이들은 물론 노인과 아이들도 있다. 참 기운이 넘치는 사람들이다.

아가씨, 맥주 한 잔 더. 주시는 김에 기운도 부탁해요.

8월 20일 수요일

베이징에 온 지 닷새째를 맞았다.

일본 야구가 올림픽에서 금메달을 딸 마지막 기회일지도 모르는 2008년 여름, 가혹한 스케줄과 멋진 싸구려 호텔이 기다리고 있는 줄은 꿈에도 모르고 장구한 역사의 도시로 얼씨구나 날아온 일본의 소설가. 아직도 경기의 흐름을 잡지 못하는 일본 팀에게 가차없이 욕설을 날리지 않나, 아침부터 맥주를 벌컥벌컥 마시지 않나, 밤에는 중화요리에 침을 질질 흘리지 않나. 아무튼 졸린 눈을 비비면서 이국땅에서 꾸역꾸역 원고를 쓰고 있다.

호시노 저팬과 이 원고의 대단원은 과연?

오전에는 호텔에서 잠으로 시간을 보냈다. 어젯밤 늦게까지 원고를 쓴 탓이다. 『넘버』의 마감 날짜를 성실하게 지켜 오늘 아침에 일본으로 돌아가는 Y씨에게 원고를 건네고는 침대에 픽 쓰러졌다. 오늘 일과는 밤에 대미국전을 보는 것뿐이다. 처음으로 한가하게 지낸다.

점심때가 되기 전 샤워를 하면서 수염을 깎고 호텔을 나섰다. 도중에 구멍가게에서 뭐라 뭐라 하는 떡(2위안)과 콜라를 사 들고 걸어서 15분쯤 걸리는 징산(景山) 공원으로 향했다. 징산 공원은 평지에 흙을 쌓아 조성한 표고 98미터의 동산으로, 위치상으로는 고궁 박물원 뒤쪽이다. 가이드북을 보니 징산 공원에서 보이는 경치가 너무 아름다워 관광에는 별 관심 없는 나도 마음이 동했다.

그래서 거리를 걷고 있는데, 그 자체가 스릴 만점이다. 왕푸징 같은 번화가를 벗어나자 자동차 천하, 약육강식의 세계다. 중국에는 보행자 우선이라는 개념이 애당초 없다. 파란 신호라서 마음 놓고 횡단보도를 건너는데, 우회전 좌회전을 막론하고 택시들이 씽씽 바로 옆을 스치고 지나간다. 시내버스도 보행자 따위는 아랑곳하지 않고 돌진한다. 꺄악. 나 이런 데서 죽고 싶지 않습니다요.

보행자 역시 교통 법규를 따르는 준법정신은 희박해 보인다. 도쿄로 치자면 메이지 거리 같은 도로를 신호기가 없는 데도 태연하게 건너간다. 그러니 길거리는 온통 클랙슨 소리의 도가니다. 지팡이를 짚은 노인이 비틀비틀 6차선 도로 위를 걷다가는 멈추고 또 걷다가 멈추기를 여러 번 하면서 무사히 건넜을 때는 꼭 무슨 마술이라도 보는 기분이었다.

말이 나온 김에 한마디 더. 간선 도로에 대해서다. 주요 도로의 중앙 1차선은 '올림픽 차선'이라서 일반 차량은 주행이 금지되어 있다. 택시에 탄 나는 길이 막혀 몸이 달아 있는데, 공산당 간부를 태웠음 직한 검은색 고급 세단(대개

아우디 A6이다)이 그 차선으로 질주한다. 솔직히 말해 유쾌하지 않았다.

정문에서 입장료 2위안을 내고 공원 내로 들어간다. 오오, 거리의 소란스러움이 거짓말처럼 느껴지는 녹음의 공간. 남녀노소가 제각각 여유를 즐기고 있다.

우선 동산 꼭대기에 있는 완춘팅(万春亭)으로. 계단이 가파르다. 순식간에 땀범벅. 헉헉거리며 다 올라가 고궁 박물원 쪽을 내려다보니, 과연 장관이었다. 황금색 지붕이 겹겹이 저 멀리 톈안먼까지 이어진다. 그야말로 세계 유산. 이런 역사적 건물이 거리 한가운데에 있는 도시, 뭐라 말할 수 없이 부럽다. 도쿄도 에도 성이 고스란히 남아 있었다면 좀 더 세계가 부러워하는 도시가 되지 않았을까? 아카하바라는 아무래도 좀 그렇죠.

완춘팅은 지방에서 올라온 듯한 가족 단위 관광객과 연인들로 북적였다. 홀로 거니는 이 몸은 '기념 촬영' 의뢰의 표적. 하오, 치즈! 세 번 정도 사진을 찍어 드렸습니다.

그런데 오늘은 스모그가 심해서 멀리 있는 빌딩이 부옇게 보인다. 대기 오염의 정도가 날에 따라 다른가 보다.

동산에서 내려와 뒤쪽에 있는 광장으로 가 보니, 사람들이 현악곡의 선율을 따라 온몸에서 힘을 빼고 너울너울 춤추고 있다. 태극권이다. 다른 쪽에서는 포크 댄스. 또, 둥그렇게 원을 그리고 서서 깃털을 사용한 축국 같은 놀이에 여념이 없는 그룹도 있다. 일은 대체 어떤 사람들이 하는 거냐고 묻고 싶어지는 평일 한낮의 베이징 풍경이다.

호텔로 돌아와 원고를 쓰고 있자니 Y씨와 교대한 문예 편집자 B여사가 저녁나절에 베이징에 도착했다. 한마디로 보모 체인지. 소설가는 어린애다. B여사, 호텔을 보고는 "내 귀중한 담당 작가를 이런 숙박 시설에 재우다니, 『넘버』 편집부, 가만두지 않겠어!"라고 분개한다. 그렇죠? 일본으로 돌아가면 단단히 말씀해 주세요.

오늘은 저녁 7시부터 경기가 있기 때문에 또 왕푸징으로 나가 배를 채운 후 택시를 타고 구장으로 향했다. 스탠드를 메운 관중의 진용은 30퍼센트가 일본인, 미국인이 10퍼센트 정도, 나머지는 중국인이다. 우리 옆에는 현지 여고생 둘이 앉았는데, 경기가 시작된 후에도 참고서와 노트를 펼쳐놓고 숙제를 베끼고 있다. 야구(게다가 일본 대 미국전)에는 별 관심이 없는 것으로 보아 티켓이 거저 생긴 모양이다. 『넘버』 편집부 T군의 말에 따르면, 출입증을 갖고 있는 자들 중에는 '당 간부의 애인으로밖에 보이지 않는', 왜 여기 있나 싶은 언니들도 꽤 많다고 한다. 베이징 올림픽, 만사 연줄이 있으면 형통한가 봅니다.

경기 시작. 일본의 선발은 다르빗슈 유우. 실은 이 경기 결과가 어떻게 되든 상관없다. 예선 한 경기를 남겨 놓은 지금, 일본의 준결승전 진출은 이미 결정되었기 때문이다. 1위 한국, 2위는 쿠바로 결정되었고, 나머지는 이 경기에서 이긴 팀이 3위로 쿠바와, 진 팀은 4위로 한국과 붙게 된다. 나로서는 준결승전에서 쿠바를 피하고 싶다. 엄청 강한 팀 아닌가. 텔레비전에서 보니까 배트 스피드가 '아동용 배트'가 아닌지 의심스러울 정도로 빨랐다. 져 달라는 말은 할 수 없으니까, 선수 여러분, 다치지 않도록 잘 부탁드립니다.

경기는 빈타전이었다. 미국 팀, 혹시 이길 마음이 없는 건가요. 열심히 제로 행진이다. 빨리 점수를 내라고, 미국. 야구의 종주국이잖아, WBC의 원수를 갚아야지.

따분하게 전개되고 있는 경기와는 무관하게 중국인 관중들은 자유분방하다고 할까 안하무인이라고 할까, 제각기 개성적인 포즈에 열을 올리고 있다. 도무지 얌전히 앉아 있지를 않는다. 경기 관전은 뒷전이고 오직 기념 촬영에 여념이 없다. 앞을 가로막고 서서 필드를 배경으로 서로서로 사진을 찍어 준다. 통로 쪽 자리에 앉아 있는 나로서는 심히 괴롭다.

어이, 당신들, 당최 경기에 집중할 수가 없잖아. 마운드에 서 있는 저 젊은이는 일본 야구를 대표하는 에이스라고. 연봉도 2억 엔은 족히 되는 사람이란 말이야!

그러나 경기는 전혀 관심 밖이고 플래시가 팡팡 터진다. 야구의 야 자도 모르는 듯하다.

그래요, 알겠습니다. 한데, 야구에 관심이 없더라도 공이 어디로 날아가는지는 좀 보시지요. 이 구장은 내야 네트가 없는 데다 파울 존이 좁기 때문에 여차하면 공이 날아와 위험하단 말입니다.

그러나 그들은 경기 중에도 떠들기와 먹기와 움직이기를 멈추지 않는다. 3루 쪽에서 파울 볼의 희생자가 두 명이나 (그중 한 명은 머리에 직격타) 발생한 후에야 비로소 구장의 위험성을 감지하는 듯했다.

야구에 익숙하지 않은 중국 사람들, 관전 요령을 잘 모르는지라 배트에 공이 맞기만 하면 신나라 한다. 내야 플라이가 밤하늘 높이 떠오를 때면 마치 불꽃놀이라도 구경하는 사람들처럼 환성을 지른다. 저, 여보세요, 저건 그냥 아웃이거든요. 아무튼 땅볼보다는 플라이가 인기가 좋다.

경기는 지지부진한 가운데 양 팀 모두 2안타 0 대 0으로 연장전에 돌입. 볼거리가 조금도 없는 경기다. 10회도 득점 없이 끝나고 말았다. 그리고 드디어 화제의 '타이 브레이크 시스템(경기 시간을 단축하기 위해 연장 11회부터는 무사 1, 2루의 상황을 만들어 놓고 공격을 시작하도록 하는 규칙. 10회 공격이 끝난

뒤 이어지는 타순이 아닌 새로운 타순을 설정할 수 있다—옮긴이)'
으로 승패를 결정하게 되었다.

미국은 8번과 9번이 출루하고 1번 타자부터 공격하는 방식을 선택했다. 일본의 투수는 이와세 히토키. 미안하네, 이와세. 일본 야구계의 보배에게 이런 동네-야구 같은 짓을 하게 해서.

이와세가 초구를 두들겨 맞아 1실점. 다음 타자와 그다음 타자에게도 안타를 내주어 3실점. 내야 땅볼로 1점 추가, 총 4실점이다. 가엾은 이와세.

11회 말, 일본의 공격. 니시오카와 아라키가 출루해 있고 3번 타자 아오키부터 치는 것으로 시작했다. 아오키, 시원하게 삼진. 이어서 아라이는 센터 플라이. 이나바와 나카시마의 안타로 2점을 만회했지만, 마지막 대타로 나선 아베가 파울 플라이. 경기 종료. 아베 마리아—.

이런 경기에서도 지다니 분하다. 결국 준결승전에 올라간 다른 팀을 한 번도 이기지 못한 일본 대표 팀, 정말 믿어도 되는 걸까. 나는 3위 결정전 티켓도 없는데 말이다.

미국 관중들은 자국의 승리를 아낌없이 기뻐했다. 바라건대 대 쿠바전에서 박살나기를.

그런데 혹 이기기라도 하면……. 어떤 변수가 있을지 알 수 없는 것이 토너먼트 방식이다.

날짜가 바뀔 무렵 왕푸징에 있는 예의 카페테라스에서 맥주를 마신다. 차가운 잔에 맥주를 따라 주는 곳을 여기밖에 모르거든요.

8월 21일 목요일

아침부터 비가 쏟아진다. 오늘은 야구 경기가 없어서 종일 만리장성을 거닐려고 했는데, 뜻하지 않은 불운이다.

"어차피 이렇게 된 거, 느긋하게 원고나 쓰세요. 난 쇼핑 다녀올 테니까."라는 B여사. 네, 네, 그럽죠.

대답은 그렇게 해 놓고 잠에 빠졌다. 평소 나다니는 일이 별로 없는 소설가가 날마다 인파에 뒤섞인다는 것은 그 자체로 스트레스다. 특히 중국 사람들은 목소리가 커서 괜히 혼나는 기분이 든다. 어제도 백화점 화장실에서 볼일을 보고 있는데 세면대 부근에서 남자 여럿이 서로에게 고함을 지르고 야단이 났기에 영락없이 싸우는 줄 알았다. 혹시나 휘말리면 안 되겠다 싶어서 조심조심 옆을 지나오는데, 보니까 다들 웃는 얼굴이었다. 이것이 중국 사람들의 담소다.

"맛있는 얌차(飮茶. 중국식 만두류인 딤섬을 먹으며 차를 마시는 것—옮긴이)라도 하러 가시죠."

낮에 코디네이터 이 씨의 그런 제안에 기꺼이 호텔을 나서 왕푸징의 아담한 레스토랑에 갔다. 여행지에서는 현지 가이드가 있느냐 없느냐에 따라 식사의 격이 달라진다. 이 씨에게 잘 보이려고 하는 소리가 아니다. 혼자 베이징의 거리를 거닐다가 뒷골목에 있는 조그만 가게에 훌쩍 들어갔는데 내 평생 최고의 샤오롱바오(小籠包)와 조우했다, 는 하드보일드 한 요행은 어째 나와는 통 인연이 없다. 태어나기를 맹하게 태어나 언제나 꽝이다.

오성급 호텔이 늘어선 거리의 레스토랑에서 얌차 타임을 갖는다. 피탄 죽과, 샤오롱바오가 포함된 여러 종류의 딤섬, 차오멘에 오이절임. 물론 맥주도.

굉장히 맛있다. 빈속에 죽이 녹아든다. 오이도 아삭아삭 맛있다.

식사를 하면서 지난 며칠 동안 궁금하게 여겼던 것을 이 씨에게 물어보았다.

손을 들어도 택시가 잘 서지 않는 경우가 많은데, 왭니까?

"올림픽 기간 중에는 곳에 따라 규제가 많아요. 택시가 설 수 없는 지역, 즉 손님이 내리거나 탈 수 없는 곳도 있어요."

아하, 그랬군. 나는 승차 거부로만 생각하고 날마다 울컥

했는데.

그리고 호텔 레스토랑에서 그 호텔 숙박객이 아니면 받지 않는 건 또 왜죠?

"VIP가 묵고 있는 호텔이라서 그런 거겠죠."

오호. 어제는 타이완 반점에서 거부당했다.

"그 호텔에는 국민당의 '넘버 투'가 묵고 있어요."

현지인이 이렇게 정보를 알려 주면 이런저런 오해가 술술 풀린다.

점심을 먹은 후 호텔로 돌아와 집필에 착수. 그러기 전에 B여사가 도쿄에서 가져온 스포츠 잡지를 읽었다.

가장 먼저 눈길이 간 것은 주간지 광고였다. 제목이 굉장하다.

'립싱크, CG뿐만이 아니었다(베이징 올림픽 개막식 행사에서 축가를 부른 어린이의 노래가 실은 립싱크였던 것과, 불꽃놀이 장면이 컴퓨터 그래픽으로 미리 만들어진 화면이었던 사건을 말함—옮긴이). 일본 응원도 중국의 사기극이었다.'

'수도 치안 지원자 중국인 50만 명의 밀고에 주의하라.'

'죽여라! 중국인 응원단의 대합창에 기죽은 배드민턴의 오구라와 시오타.'

으음. 보고 느낀 그대로를 쓰고 있는 내가 바보스럽게 여겨질 정도로 부정적인 기사의 퍼레이드다. 물론 신문이나 텔레비전이 언제나 표면적인 것만 보도하기 때문에 주간지가 사건의 속내를 파헤치는 기사를 씀으로써 여론의 균형을 유지한다는 것은 안다. 하지만 말이죠, 대개의 사실은 흑과 백 사이에 있는 것 아닐까요. 나는 그 농담(濃淡)을 그리는 것이 작가의 의무라고 생각한다.

그래서 또다시 원고. 이번에는 착실하게 썼습니다. 다섯 시간 동안 10매, 나름 엄청 집중한 겁니다.

저녁 7시. 왕푸징까지 나가기가 귀찮아서 B여사와 호텔에서 제일 가까운 레스토랑에 갔다. 두 유 해브 어 테이블 포 투? 전혀 통하지 않는다. 장소가 장소라 이럴 줄 알긴 했지만. 에라, 모르겠다. 그냥 들어가 보자. '메뉴판에 사진이 꼭 첨부돼 있기를!' 하고 기도하며 자리에 앉았는데 아, 다행이다. 비주얼 만점짜리 메뉴판이 있었다.

이거랑 이거. 손가락으로 가리키며 주문한다. 그리고 맥주도. '대병'이라는 한자를 가리켰더니만 어마어마하게 큰 피처가 등장했다. 두 눈이 휘둥그레진 우리. 젊은 웨이트리스가 '그럼 그렇지' 하는 표정을 지으며 미안하다는 듯 씩 웃는다.

볶음밥에 군만두, 청경채와 버섯볶음. 양이 많아 그것만 먹었는데도 배가 불룩해졌다. 맛은 그럭저럭. 출국 전에 산 중국어 회화 책을 보면서 "앞 접시 주세요." "간장 주세요." 라고 더듬더듬 말했더니 책에 그려진 일러스트가 귀여운지 웨이트리스 아가씨들이 다가와 살짝살짝 들여다본다. 왠지는 모르겠지만, 인기를 모았습니다.

하오치(好吃), 하오치. 맛있다고 했더니 까르르까르르 웃는다.

모두들 애교가 만점이다. 우연이지만 이 가게에 들어오길 잘했다 싶었다.

8월 22일 금요일

드디어 준결승전. 상대는 한국. 오늘 이기지 못하면 이 기획은 끝이다, 라고 하면 좀 심한 말이 되겠지만, 아무튼 김이 빠져 버린다. 『넘버』 편집부는 결승전 티켓만 사 주었다. 3위 결정전으로 낙착되면 어떻게 하는가 말입니다.

"긍정적으로 생각합시다."

또 그렇게 말하는 『넘버』 베이징 취재반인 편집부의 T군. 에라, 모르겠다. 줄곧 불길한 예감이 든다.

그 첫 번째 이유. 어쩐지 팀의 분위기가 딱딱하다는 것.

둘째는 견인 역할을 하는 인물이 없다는 것. 셋째, 감독과 코치가 국제전 경험이 없다는 것.

WBC 우승팀의 관록이 조금도 느껴지지 않는다.

오전 10시 반에 경기가 시작되었다. 일본 선발은 스기우치 도시야. 한국은 지난번 일본전 때와 같은 등 번호 17의 좌완 투수. 오호, 지난번과 같은 투수를 내보내다니 그만큼 컨디션이 좋다는 말인가.

일본 서포터들은 경기 시작 전부터 열기를 띠었다. 내야의 한 부분을 점령하고 일본! 일본!을 외친다. 한국 관중이 미간을 찌푸리며 자리를 피해 버린다.

1회 초, 니시오카가 2루수 쪽으로 깊숙이 파고드는 안타, 거기에 상대의 실책으로 2루까지 진루. 아라키가 보내기 번트로 3루에 보내고 아오키는 볼넷. 원 아웃에 1, 3루. 와우, 첫 회부터 대량 득점의 찬스를 맞았다. 그러나 아라이가 병살타로 무너지는 사이에 니시오카가 홈으로 들어와 겨우 1점만 챙겼을 뿐이다.

그보다 1루 쪽 관중석에서 다른 소동이 벌어졌다. 일본의 서포터들이 일어서서 응원을 하는 바람에 주위의 중국인이 경비원에게 "저 사람들, 앉으라고 해!"라고 거세게 항의한 것이다. 하긴 그렇지. 야구는 앉아서 보는 거니까. 게다가 호루라기를 계속 불어 대는 통에 시끄러워 견딜 수 없다.

"삐삐―삐삐삐―, 힘―내라 일본!"

호루라기 소리와 응원의 함성이 단 1초도 끊이지 않는다. 일반 관중들에게는 소음이 아니고 무엇이랴. 경비원의 제재로 다소 작아지기는 했지만 중국인들은 여전히 못마땅한 듯했다.

3회 초. 원 아웃에서 니시오카가 볼넷으로 출루, 아라키가 번트로 보내고, 아오키가 적시타. 이것으로 2 대 0. 출발이 그리 나쁘지는 않지만 좀 더 바짝 밀어붙였으면 싶다.

4회 말, G. G. 사토의 서투른 수비 때문에 노 아웃에 2루. 적시타가 나와 2 대 1. 그런데 이때 가와카미 겐신으로 일찌감치 투수 교체. 감독이 신중하다고 해야 할지 소심하다고 해야 할지. 한국이 '네게 시합을 맡긴다'는 식으로 젊은 좌완 투수에게 계속 던지게 하고 있는 것과는 대조적이다. 야구는 예선이건 결승이건 어느 정도 선발 투수에게 의존하지 않을 수 없다. 투수 출신인 호시노 감독이 왜 이런 식으로 경기를 진행하는지 모르겠다. 미리 대처하자는 그 마음은 짐작이 가지만, 아직 아무 일도 일어나지 않았는데 지레 겁을 먹은 듯한 느낌이 드는 건 나만의 생각일까.

6회 말에는 다시 나루세 요시히사로 교체. 원 아웃에서 안타를 허용하긴 했지만 상대의 졸공으로 무사히 지났다.

그리고 7회 말은 후지카와 규지. 뭐랄까, 상쾌함이 없는 경기다. 그러는 사이에 일본은 내야 땅볼만 대량 생산. 상대 투수가 잘 던지니 풀 스윙을 하지 못한다. 무거운 분위기. 후지카와, 볼넷과 안타로 투 아웃에 주자 1, 2루. 우전 적시타를 맞고 2 대 2 동점. 헉, 어느새 추격당하고 말았군요.

내 앞에 앉은 미국인 부자가 "코리아, 코리아"를 외친다. 왜 그러나 했더니, 일본 서포터들이 너무 시끄럽게 굴자 짜증이 솟아 일부러 상대 팀을 응원하는 것이었다. 주위의 중국인들도 대부분 한국 팀을 응원하고 있다.

그와 같은 관중석의 분위기가 그라운드로 전해졌는지, 8회 말, 투수가 이와세로 바뀌고 원 아웃 1루에서 타자는 요미우리 자이언츠의 이승엽. 눈이 번쩍 뜨이는 투런 홈런을 날렸다. 일본인들은 엉겁결에 모두 눈을 가린다. 그 밖의 관중들은 환호.

이렇게 될 줄 알았다. 결과가 이래서만은 아니다. 호시노 감독은 올림픽이 열리기 전에 '야구가 얼마나 멋진 스포츠인지 세계에 알리고 싶다'고 호언장담했지만, 나는 이번 일본 대표 팀에 매력을 느낀 적이 단 한 번도 없었다. 아름다움도 관능도 용기도 멋도 아무것도 없다. 가령 이겼다 해도, 아무도 환호하지 않을 야구다.

이와세는 다음 타자에게 중전 안타를 맞고 강판당했다. 불쌍한 이와세……. 투수를 와쿠이 히데아키로 교체. 그다음에 일어난 일은 수많은 일본 사람들이 텔레비전 화면으로 몇 번이나 거푸 보았을 것이다. 야구사에 남을 만한 G. G. 사토의 실책으로 2 대 5. 중견수를 넘긴 2루타로 2 대 6.

옆에 앉은 B여사가 부루퉁한 표정으로 한마디 한다.

"이제 호시노, 다부치, 야마모토의 카레 광고는 텔레비전에서 사라지겠네요."

나도 그렇게 생각한다. 속이 시원하다.

간신히 8회 말 공격이 끝났다. G. G. 사토가 거대한 몸집을 움츠린 채 벤치로 달려간다. 보기에도 가슴이 아릴 만큼 애처로운 모습이다.

9회 초, 역전을 기대할 만한 장면은 나오지 않는다. 나카시마는 라이트 플라이, 모리노는 헛스윙으로 삼진. 아베는 평범한 라이트 플라이. 아베 마리아. 이렇게 끝.

입을 꾹 다물고 왕푸징으로 돌아간다. B여사가 북경오리를 아직 못 먹었다고 해서 또다시 취엔쥐더로. 그런데 아직 문을 열지 않았다. 모든 것이 『넘버』와 호시노 때문이라며 B여사가 화를 낸다. 바로 그 『넘버』의 편집부 T군에게서 전화가 왔다.

"3위 결정전 티켓을 어떻게든 구해 볼 테니, 내일 오전에 경기 보러 가십시오."

거의 애걸하는 목소리였다.

어쩔 수 없지, 뭐. 가야죠. 가서 힘껏 야유를 보내 주죠. 그런데 G. G. 사토는 경기가 끝나고 어땠나?

"벤치 뒤에서 통곡하던데요."

그 덩치에 울다니. 하긴, 사람은 착해 보인다. 이 올림픽이 마음의 상처로 남지 않았으면 좋으련만.

가이드북을 보면서 가까운 쓰촨반점을 찾아갔다. 맥주와 마파두부와 밥. 어쩐지 학교 식당 같은 메뉴다. 하지만 맛은 있다. 매워도 맛있다. 맥주 한 잔 더.

"이제 어떻게 하죠? 오후 6시부터 벌어지는 다른 준결승전도 볼 건가요?"

B여사가 탄탄멘을 후루룩 빨아올리며 물었다.

봅시다. 쿠바라면 내가 좋아하는 시원한 야구를 보여 줄 것이다. 아테네 올림픽 때도 쿠바 팀의 경기를 보았는데 정말 아름다웠다. 상쾌하고 관능적이었다. 그들은 실력과 권리로 플레이를 한다. 그리고 이긴다. 그들이야말로 야구의 전도사다. 모든 야구 팬에게 고하노니, 죽기 전에 쿠바 야구를 꼭 보시라.

해가 뉘엿뉘엿 질 즈음 다시 야구장으로 향했다. 쿠바 대 미국. 텔레비전 중계를 본 사람이라면 내가 백만 마디의 말로 설명하는 것보다 훨씬 쿠바 야구의 즐거움을 잘 이해했을 것이다. 약동하는 육체. 유연하게 휘는 팔. 힘껏 던지고, 마음껏 휘두르고, 바람처럼 달린다. 그들은 실패를 두려워하지 않는다. 지는 것을 두려워하지 않는다. 그런 팀에게 호시노 저팬이 이길 수 있다고 생각하십니까?

쿠바는 홈런을 몇 개나 관중석으로 쏘아 올려 원수 자본주의의 리더를 잠재워 버렸다. 패배한 미국도 상대의 실력을 인정하고 체념하는 분위기다. 그리고 스탠드의 관중들은 아낌없이 야구를 즐겼다. 응원은 자연 발생적이었다. 팀을 가리지 않고 멋진 플레이에 아낌없는 박수를 보낸다. 중국인 여러분, 오전 경기보다는 이 경기를 봤어야지요. 디스 이즈 베이스볼. 这是棒球(이것이 야구다)!

기분이 조금 좋아져 왕푸징 샤오츠지에(小吃街)로. 빈말로라도 위생적이라는 말은 할 수 없을 포장마차에서 차오멘과 튀김만두와 맥주. 그런데 의외로 맛있다. 내 위장도 서서히 중국식으로 바뀌어 가나 보다.

그러고 있는데 갑자기 T군이 나타났다. 암표상처럼 주위를 살피더니 슬며시 자리에 앉아 내일 있을 3위 결정전 티켓을 테이블 아래로 건넨다.

말도 안 돼. 다 매진이라는데 어떻게 구한 거야.

"사실은……."

이때 들은 말을 나는 원고지에 옮겨 적을 수 없다. 다만, 분순 맨은 유사시에 강하다는 것만 기록하겠다.

하루에 두 경기를 보았더니 몹시 피곤하다. 올림픽 야구 관전도 내일이면 마지막이다. 금요일 밤이라 더욱이 길거리에는 사람들이 넘쳐난다.

8월 23일 토요일

3위 결정전, 일본 대 미국. 우커송 구장도 오늘이 마지막이다.

현재의 내 심경은 이런 순이다.

①동메달도 놓치고 망신이나 톡톡히 당해라.
②그러나 그렇게 되면 선수들(특히 이와세)이 불쌍하니까 시원하게 이겨서 삼등이라도 해라.
③경기 내용은 엉망이라도 좋으니까 꼭 이겨라.

이 몸, 꽤나 냉담한 사람이군요. 친절하지가 않아요.

호시노 저팬에 대해 나는 처음부터 회의적이었다. 일본 축구 대표 팀의 인기에서 힌트를 얻은 광고 에이전트가 야구에서도 그게 가능하지 않을까 싶어 올림픽 야구를 이용했다. 그리고 프로야구 조직과 손을 잡고 야구 대표 팀을 황금알을 낳는 거위로 만들어 보려 했다.

캠프 시찰, 후보 선수 발표, 해외 시찰……. 모든 게 너무 거창했다. 사실 올림픽 야구에 목을 매는 나라는 한국과 타이완, 쿠바 정도밖에 없다는데, 그걸 모른 척하고 마치 빅 이벤트나 되는 듯이 포장했다.

매스컴도 덩달아 춤췄다. 시청률이나 판매 부수를 올리려면 이슈가 있어야 한다. 그러니 실적도 대단하고 이름도 잘 알려진 호시노 감독과 선수들을 올림픽의 아주 좋은 콘텐츠라고 여겼을 것이다.

완전 말도 안 되는 소리다. 나는 기삿거리 하나 건지려고 아부를 해야 하는 삼류 기자가 아니니까 거침없이 말할 수 있다. 드라마를 날조해서 스포츠를 욕되게 하지 마라. 야구를 위선으로 먹칠하지 마라.

아, 좀 흥분한 것 같네요.

올림픽 야구는 이번이 마지막이다. 부활할 가능성도 거의 없다. 결승전이 중계되는 나라를 헤아려 보면 안다. 이곳 중국에서도 생중계는 하지 않는다. 호시노 저팬은 혼자서 북 치고 장구 치고 하다가 져 버렸다. 정말 꼴불견이다.

오전 10시 반 경기 시작. 오늘은 레프트 외야석. 바로 앞에 G. G. 사토의 넓은 등짝이 보인다.

"사토, 잠이 오더냐?" 하고 야유를 퍼부으려 했는데 주위의 일본 사람들이 "사토 힘내라!"라고 외치는 통에 기회를 놓치고 말았다. 쳇, 힘내라고? 정말 마음씨도 고운 사람들이군.

일본의 선발은 와다 쓰요시. 그는 지금 어떤 심경으로 마운드에 서 있을까. 이렇게 맥 빠진 분위기 속에서 스스로에게 어떤 동기를 부여하고 있을까. 일본에 돌아가면 꼭 선수들의 속내를 들어 보고 싶다. 호시노 저팬이라는 꽃가마를 왜 우리가 져야 하느냐고 생각한 선수도 있지 않을까.

초반부터 서로 솔로 홈런과 스리런 홈런을 주고받은 결과 3회에 4 대 4. 화려한 공중전에 관중들은 환호한다.

그러나 B여사와 나는 그럴 형편이 아니었다. 이날 베이징의 날씨는 섭씨 33도의 폭서로, 땡볕을 피할 수 있는 시설이 아예 없는 외야 스탠드는 말 그대로 펄펄 끓는 가마솥이었다.

"내가 뭐가 아쉬워서 이렇게 푹푹 찌는 날씨에 야구를 봐야 하는 거지?"

B여사, 영 저기압이다.

그렇다. 준결승에서 이겼더라면 나이트 경기였다. 이 고

생이 모두 호시노 저팬 탓이다.

G. G. 사토가 평범한 외야 플라이를 툭 떨어뜨리고 말았다. 또야? 관중석이 들썩거린다. 사토, 한 번만 더 그런 실수를 하면, 대스타가 될 거다.

3회 말에 빨리도 투수 교체. 아, 이런 소심한 감독. 와다, 자네는 납득이 가는가.

새로운 투수는 가와카미. 내 소중한 주니치 드래건즈의 투수를 제멋대로 활용하고 있다. 그 가와카미가 5회 말에 4실점으로 4 대 8을 만들고 말았다. 불쌍한 가와카미.

이래 가지고야 질 게 뻔하다. 어떻게 되든 상관없다는 생각이 슬슬 들기 시작한다. 후우, 덥다. 우리는 팔다리에 물을 뿌리며 빠직빠직 타 들어가는 살을 식히느라 여념이 없었다.

그 와중에 B여사가 망원경 속에서 기자석에 있는 T군을 발견한 모양이다.

"작가는 외야석 땡볕에 내버려 두고 자기는 기자석 그늘에서 관전해? 『넘버』, 절대 용서 못해."

동감, 나도 절대 용서 못하겠습니다.

져도 좋으니 제발 빨리 끝내라. 왕푸징에서 맥주와 얌차가 기다리고 있다.

그런데 일본의 수비가 질질 시간을 끈다. 미국 선수들 역시 투수의 공을 풀 카운트까지 기다린다.

한편, 이 경기에서 가장 인기를 끈 사람은 레프트의 볼 보이였다. 경기 내내 그라운드 안의 파울 볼을 벤치로 돌려주더니 한 번은 이 중국 소년이 주운 공을 관중석으로 던져 주었다. 그러자 관중석에서 공 쟁탈전이 벌어졌다. 거기에 맛을 들인 소년, 파울 볼만 났다 하면 무조건 관중석으로 던져 완전 스타로 등극한 것이다. 그 회에 아오키가 5구 연속으로 레프트 파울 땅볼을 쳤고, 그때마다 '이쪽으로 던져!' 하는 함성이 터졌다. 입가에 절로 미소가 감도는 흐뭇한 풍경이었다.

다시 경기로 돌아가서. 9회 초, 아오키가 볼넷으로 출루. 아라이는 유격수 앞 땅볼. 이나바는 캐처 플라이. 나카지마가 센터 앞 안타를 쳤으나 이어지는 아베가 일루수 앞 땅볼. 아베 마리아.

그리하여 마침내 경기가 끝났다. 4 대 8의 완패.

자, 이제 돌아가자. 그 전에 야유 한마디는 해 줘야겠지. 선수와 감독이 1루 쪽 내야 스탠드 앞에 늘어섰을 때 나는 레프트 외야석에서 외쳤다. 호시노, 이쪽도 봐야지!

그런데 다음 순간, 나는 내 귀를 의심했다. 관중석의 일본인들 사이에서 박수가 터져 나온 것이다.

"수고했어요!"

믿을 수가 없다. 이런 말도 안 되는 팀에게, 대체 왜?

4년 전의 아테네 때와 똑같다. 그때 관중석의 일본인들은 가까스로 동메달을 딴 나가시마 저팬을 따뜻하게 맞았다. '감동, 고마워'라는 플래카드까지 들고서. 나는 너무 화가 치밀어서 마음속으로 외쳤었다. 그때의 그 대사를 지금 여기 베이징에서도 외친다.

'어이, 자네들, 헤엄쳐서 돌아와, 알겠나!'

왕푸징에서 맥주와 얌차. 우선 얀징(燕京) 맥주로 건배. 수고했어요, 카―. 땡볕 아래서 참은 보람이 있다. 간단한 요리 몇 가지를 주문한다. 피탄 두부가 뜨거운 몸을 식혀 준다. 게 죽이 입안에 달콤한 맛을 남기며 목 안쪽으로 흘러들어간다. 군만두는 베이징에서 가장 좋은 사이드 디시. 한 입 깨물자 시원한 조개 국물이 혀를 적신다.

부르지도 않았는데 T군이 등장했다.

"저도 좀 끼워 주세요."

싫은데. 그늘에서 경기를 본 놈과는 말도 하기 싫은데.

"베이징에 온 지 이 주일이 지났는데 프레스센터 식당 밥밖에 구경을 못했습니다. 외식이 오늘로 겨우 세 번째라고요."

그래? 그럼 할 수 없지. 특별히 동석을 허락한다. 그런데 기자 회견은 어땠나, 패장이 무슨 변명을 늘어놓던가?

"그게 말이죠……."

그 이후의 대화를 여기 기록할 수는 없다. 『주간 분게이슌쥬』라면 또 모를까, 『넘버』는 스포츠 전문지니까. B여사가 "멍청이 아냐?"라는 말을 세 번 정도 뱉었다는 것만 기록해 두자.

결국 호시노 저팬은 약했다. 미국에 2패, 한국에 2패, 쿠바에 1패. 이 결과에 무슨 변명이 가능하랴. 일본의 프로야구 선수는 큰 무대에 약하다. 그건 평소에 오냐오냐 떠받들어 주기 때문이다. 야유하지 않는 팬, 관계자를 배려하느라 비판을 삼가는 신문과 텔레비전, 외인 제한에 보호받는 느슨한 경쟁. 그런 환경 속에서 조금이라도 좋은 활약을 보이면 황제처럼 떠받들고 거금을 쥐여 주니 진정한 의미의 경쟁이 무엇인지도 모른 채 '스타 선수'가 되고 만다. 마이너 소속으로 미국 대표 팀에 선발된 선수들이 일본 선수의 연봉 수준을 알면 기가 막힐 것이다. '좋은 나라에 사는 덕분'이라고 비꼬아 주고 싶은 심정이다.

호시노 저팬은 WBC 우승으로 쌓아 올린 영광을 허무하게 날려 버리고 일본 프로야구의 명예에 먹칠을 하고 말았다. 이 기억은 당분간 잊히지 않을 것이다. 나는 어릴 적부터 프로야구 팬이었다. 너무 실망스럽다.

혼자서 호텔로 돌아와 원고 작업을 했다. 키보드를 두드리는 손이 점점 빨라진다. 험담을 쓰고 있기 때문이겠죠. 나도 꽤나 엉큼한가 봅니다.

작가란 참으로 얄궂은 직업이다. 열심히 노력한 사람을 야유하고 비꼬면서 원고료를 챙긴다. 물론 그걸 읽어 주는 사람이 없으면 바로 실업자 신세로 전락한다. 그런 점에서는 프로야구 선수와 처지가 같다. 그래서 더욱 거리낌이 없다.

밤. 나갈 기분도 아니어서 B여사에게 맥도널드에서 치즈버거와 감자튀김을 사다 달라고 해 먹는다. 방에서 계속 집필. 텔레비전을 켜고 뉴스를 보고 있는데, 결승에서 한국이 쿠바를 물리치고 금메달을 땄다는 속보가 떴다.

와우, 축하해요, 한국. 정말 대단하군요.

8월 24일 일요일

오늘이 베이징 체류 마지막 날. 그리고 베이징 올림픽도 마지막 날. 하루의 여유를 만리장성 관광을 하며 즐기기로 했다. 애써 베이징까지 왔으니까. 다시 올 날이 없을지도 모르니까.

이른 아침에 이 씨가 데리러 왔다. 택시를 타고 한 시간

반을 달려 무티엔위창청(慕田谷長城. 만리장성의 일부)에 도착했다. 외국인 관광객들이 엄청나다. 대부분이 올림픽 관전 여행객이다. 그중에는 선수와 코치도 있다. 금메달을 목에 건 태국 선수가 자기 나라의 매스컴 관계자들을 거느리고 걸어간다. 무슨 종목 선수일까. 흐뭇한 광경이다.

"케이블카를 타고 올라갈 수도 있고 걸어갈 수도 있어요. 어느 쪽으로 하실래요?"

물론 걸어서 갑니다. 노인네 취급하지 마세요.

"그럼 저는 밑에서 기다릴게요."

아, 그러시죠.

그래서 B여사와 둘이 장성을 향해 걷기 시작했는데.

이내 후회하고 말았다. 이건 관광의 범위를 넘어서 완전히 등산이다. 게다가 돌계단이 들쭉날쭉하다.

허억허억. 하악하악. 가파른 돌계단을 조금 오르고는 휴식. 온몸이 땀이다. 무릎이 후들후들 떨린다. 그런데 마라톤 마니아인 B여사는 태연한 표정으로 성큼성큼 앞서 올라간다.

"점심 전에는 베이징 시내로 돌아가야 돼요. 취엔쥐더에서 북경오리 먹어야죠."

알았습니다. 분발하죠.

그럭저럭 장성에 도착해 바람을 맞는다. 와우. 이 멋들어진 풍광. 오기를 잘했다. 중국은 뭐든 크다. 베이징 올림픽의 슬로건이 '원 월드 원 드림'인데, 이건 중국이 하는 말이라 폼이 난다. 적어도 일본이 할 말은 아니다. 초강대국이기에 좋든 나쁘든 모두가 이 나라의 향방에 관심을 갖는다.

올림픽을 개최하면 그 나라의 분위기가 바뀐다. 일본과 한국도 그랬다. 스포츠가 사람의 마음을 하나로 만든다. 스포츠는 위대하다. 만리장성의 위용에 뒤지지 않을 만큼.

내려올 때는 케이블카로. 이미 젊지 않잖습니까.

뉴욕 만세!

고속도로에서 빠져나오자 길 저편에

양키 스타디움의 거대한 외벽이 보였다.

와우! 베이브 루스가 세운 야구의 성전,

메이저 리그의 상징!

"저, 실은 야구장 오타쿠입니다."

1

"뉴욕."

1973년, 레드 제플린이 매디슨 스퀘어 가든에서 가졌던 공연을 기록한 영화 〈The Song Remains the Same〉에서 보컬 로버트 플랜트는 마지막에 그렇게 말하며 마이크를 발치에 내려놓았다. 마치 사랑하는 사람의 이름을 부르듯 부드럽고 따스하게.

완성도가 그리 높지 않았던 이때의 무대가 빛나 보인 것은 그곳이 바로 뉴욕이었기 때문이다. 런던이나 파리였다면, 그렇지 않았을 것이다. 하물며 극동의 한 도시였다면.

그 순간, 한 밴드가 세계를 제압했다. 그들이 서 있었던 그곳은 쇼 비즈니스의 최고점이었다.

"뉴욕."

미국 뉴 시네마의 대표작 〈미드나이트 카우보이〉에서 존 보이트가 연기했던 텍사스 젊은이 '조'는 동부로 향하는 장거리 버스 안에서 한 승객이 "어디까지 가죠?"라고 묻자 한

마디로 그렇게 대답했다. 마치 그 도시가 부르기라도 한 것처럼 자랑스럽고 힘차게.

시골 청년이 도시에서 지골로가 된다는, 당시에만 해도 이미 상투적이었던 설정이 현실감을 잃지 않은 것은 바로 그가 가는 곳이 뉴욕이었기 때문이다. 착각이라 해도 꿈을 품게 하는 도시, 뉴욕. 그가 향하는 곳은 세계의 도시였다.

"뉴욕."

JFK 국제공항에서 옐로 캡에 몸을 싣고 30분을 달려 도착한 퀸스버러 브리지에서 맨해튼의 마천루가 보였을 때, 한 일본인 소설가는 두 손을 번쩍 들고 그렇게 외쳤다. 마치 가석방으로 출감해 몇 년 만에 세속의 공기를 숨 쉬는 야쿠자처럼 뿌듯하게, 그리고 조금은 분하다는 듯.

그는 성공한 사람도 아니고 꿈에 부푼 젊은이도 아니다. 마흔을 넘긴, 지친 소설가다. 이곳에는 그저 끌려왔을 뿐. 피로에 찌든 소설가를 끌어갈 수 있는 곳은 뻔하다. 바로 뉴욕.

어느 날, 장편을 쓰기 시작한 지 반년이 되도록 제자리걸음만 하고 있는 게으른 소설가(가령 오쿠다, 라고 하자)에게, 접대비 사용 액수가 회사 내 1위라는 편집자(가령 엔도, 라고 하자)가 속삭였다.

"오쿠다 선생님, 바람이나 쐬러 뉴욕에 다녀오시렵니까? 양키스의 마쓰이도 볼 겸. 비행기 티켓, 예약해 놓겠습니다."

뉴욕! 이 얼마나 감미로운 울림인가. 게다가 양키스! 마운드에는 로저 클레멘스가, 내야에는 데릭 지터가 서 있다. 구단주석에는 조지 스타인브레너도 와 계시겠지. 소설가는 야구 관전이 취미였다. 좀 멋쩍지만, 지방 구장을 돌아다니며 쓴 기행문을 책으로 낸 적도 있다. 그걸 알고 꼬드기는 것이다.

"조건은?"

소설가가 경계하면서 묻는다. 거저 가자고 할 리가 없으니까. 나름 인생 경험은 풍부하다.

"원고."

편집자의 대답은 간결했다.

5초를 생각한 후 소설가는 승낙했다. 어쩔 수 없다. 일이다. 말재간도 없고 기회를 잡거나 고개를 숙이는 재능도 이 사내에게는 없다. 융통성이 없기로는 스님 저리 가라다.

"이왕 가는 거, 스모크에서 재즈도 듣고 싶은데."

소설가는 서재 의자에 깊숙이 기대어 말했다.

"지금 뉴욕에서 제일 잘나가는 재즈 클럽 말이야. 에릭 알렉산더(Eric Alexander. 색소폰 연주자)와 조 펀즈워스(Joe

Farns-worth. 재즈 드러머)가 단골이라지."

"알겠습니다. 일정에 포함시키죠."

편집자가 메모를 한다.

"어퍼 웨스트에 맛있는 생선초밥 집이 생겼다는데, 거기도 가지."

"알겠습니다. 알아보죠."

"그리고,"

소설가가 목소리를 약간 낮췄다.

"엠파이어 스테이트 빌딩에도 올라가 보고 싶은데 말이야……"

"엠파이어 스테이트 빌딩요?"

"음. 1933년에 킹콩이 올라갔던 빌딩."

"오쿠다 선생님, 혹시 뉴욕 처음입니까?"

"하하, 부끄럽군."

소설가가 얼굴을 붉혔다.

"그래도 지식만은 풍부하다네."

"안심하시죠. 저도 처음입니다."

"그리고, 영어도 못하는데."

"안심하시죠. 저도 한마디도 못합니다."

편집자가 태연하게 대꾸한다.

"대체 뭘 안심하라는 거지?"

그만 침이 튀고 만다.

그래도 뭐, 줄곧 가고 싶었다.

"걱정 마십시오. 현지에서 영어가 유창한 일본인 사진가를 섭외할 거니까요."

이렇게 하여 소설가는 또다시 비행기에 몸을 실었다. 밥 딜런이 연인 수즈와 나란히 걸었던 도시, 뉴욕. 진 해크먼이 〈프렌치 커넥션〉에서 추격전을 벌였던 도시, 뉴욕. 존 레넌이 세 발의 총탄에 쓰러졌던 도시, 뉴욕. 꿈의 도시, 뉴욕.

뉴욕에서 산 세월이 10년이라는 사진가 다나카 씨가 공항으로 마중 나와 주었다. 학생이라고 해도 이곳에서는 통할 만한 삼십 대 슬림 가이다.

"아, 어서 오십시오."

일본말까지 혀 꼬부라진 소리로 들리니 믿음직하다. 오쿠다를 오큐다로 발음한다. 미국 사회에서 오래 단련한 덕분인가, 줄곧 미소를 머금고 사람 눈을 똑바로 쳐다보면서 얘기한다.

"시차는, 괜찮습니까?"

"문제없습니다."

둘이서 힘차게 대답했다.

원래가 태양을 무시한 시간표에 따라 사는 소설가와 편집자다. 아침이 밤이 된들 무에 불편함이 있으랴.

"그럼 일단 식사를 하죠."

사진가가 말했다. 마침 점심때다.

"드시고 싶은 게 있으면 말씀하십시오."

"상륙 기념으로 뉴욕다운 것을."

"그럼, 이 호텔 근처에 유명한 델리가 있으니까 거기로 가죠."

오오, 델리카테슨. 미국 사람들의 위를 만족시키는 길모퉁이의 고칼로리 레스토랑.

사진가를 따라 미드타운을 걸었다. 뉴요커로 보이고 싶은지, 소설가는 맨손이다. CP컴퍼니의 감색 면바지에 머리에는 챙 달린 검은 모자. 윈도에 비친 모습은…… 역시 촌스러운가.

"저기가 카네기홀. 그리고 그 끝에 보이는 숲이 센트럴파크이고 오른쪽으로 돌면 마일스 데이비스의 앨범 재킷으로 유명한 플라자 호텔이 있지."

걸으면서 소설가가 설명한다.

"어떻게 그리 잘 아십니까?"

편집자가 눈을 희번덕거리며 묻는다.

"말했잖나. 나, 앉아서 세상 여행 다 하는 사람이라고."

"싸게 먹혀서 좋겠습니다."

"상상력이 풍부하다고 말해 주면 안 되나."

사진가가 안내한 곳은 '카네기 델리'라는 델리카테슨이었다.

"여기, 유명한 사람들이 많이 온답니다."

아닌 게 아니라 벽 한 면에 유명 인사의 사진이 담긴 액자가 죽 걸려 있다. 테이블에 앉아 두리번두리번.

"오호, 저 섹시한 남자는 빅이로군. 아니, 캐리도 있잖아."

소설가는 반가운 듯 이름을 읊어 댄다.

"누굽니까, 그 사람이?"

"아니, 자네 모르나? 〈섹스 앤드 더 시티〉에 나오는 배우 말이야."

"그거, 포르노인가요?"

"이런! 그보다 옆 테이블 봤나?"

목소리를 낮춰 속닥거린다.

"안 그래도 지금 말하려고 했습니다."

소설가는 자신의 눈을 의심했다. 손님들이 먹고 있는 음식의 양이 장난이 아니다.

"자네 옆에 있는 마초 같은 백인 청년이 먹고 있는 거, 그거 혹시 1인분?"

"이겠죠. 옆 사람과 나눠 먹는 것 같지는 않으니까."

"그리고 대체 뭘 먹고 있는 거야. 내 눈에는 오므라이스

뉴욕 만세! 73

곱빼기로 보이는데."

"샌드위치에 치즈가 얹혀 있는 것 같은데요."

그 샌드위치란 게 진짜 어마어마했다. 히로시마식 오코노미야키에 들어 있는 양배추를 전부 고기로 대신한 듯한 인상이다.

소설가와 편집자, 야생 동물이라도 구경하는 듯한 표정을 짓는다.

"이쪽 사람들은 대체로 양이 많으니까요."

사진가, 태평하게 웃는다.

상황이 이러니 최대한 양이 적은 것을 골라야겠다 싶었다. 소설가는 메뉴판을 노려보다가 제일 값이 싼 터키 샌드위치를 주문했다.

그런데 나온 접시를 보니 히로시마식 오코노미야키였다. 아하, 값이 싸다고 양이 적은 게 아니군.

우엑. 보기만 해도 체할 것 같다. 그래도 한입 덥석 물었다. 고기가 퍼석퍼석하다. 게다가 맛이란 게 없다.

"이거, 맛있는데요."

옆에서 편집자가 말한다. 그는 비프 어쩌고 하는 것을 먹고 있다. 한 조각 먹어 보니, 음, 그런대로 나쁘지 않다. 나만 또 꽝이로군.

"이런 걸 메뉴에 올리면 안 되지."

소설가는 칠면조 고기를 우물거리며 투덜거린다.

"미국 사람들은 흰 살코기를 건강식품이라 여기거든요."

사진가가 해설해 준다.

그 말을 듣고 눈길을 왼쪽으로 돌려 보니, 중년의 부부가 터키 샌드위치를 먹고 있었다. 케첩을 산더미처럼 발라서. 저렇게 케첩을 발라서야 흰 살코기가 무슨 의미가 있겠나, 소설가, 속으로 중얼거렸다.

"오쿠다 선생님, 옆에 있는 청년, 치즈 케이크를 추가 주문했는데요."

편집자의 말에 넌지시 옆을 훔쳐본다. 웨이트리스가 들고 온 접시를 보니, 벽돌 두 장 크기는 되어 보이는 거대한 치즈 케이크가 얹혀 있다.

"저것도 1인분이겠죠?"

"그렇겠지. 혼자 먹는 걸로 봐서는."

청년이 우걱우걱 먹어 댄다. 참으로 장관이다. 넋을 놓고 바라보았다.

"그런데, 저녁은 뭐로 하시렵니까?"

"지금은 그런 거 묻지 말게."

"그래도 계획은 세워 놓아야지요."

"그럼, 아시아적인 것으로."

"알겠습니다."

뉴욕 만세! 75

결국, 절반을 겨우 먹고 끝냈다.

"포장해 드릴까요?"

그렇게 묻는 아줌마 웨이트리스에게 손을 저으며 "노 땡큐."라고 대답했다.

델리카테슨에서 나와 배를 쓱쓱 문지르면서 7번가를 산책했다. 회색 구름이 맨해튼 전체를 뒤덮고 있다. 하늘이 조그맣게 보이는 것은 빈틈 하나 없이 솟아 있는 빌딩들 때문이다. 맑은 날에도 햇볕은 기대할 수 없을 것 같다.

음악가들이 선망하는 최고의 무대 카네기홀의 장엄한 건물을 올려다본다. 소설가가 중학생이던 시절, 시카고가 〈라이브 앳 카네기홀〉이라는 앨범을 냈다. 넉 장짜리 대작이었다. 당연히 너무 비싸서 살 수가 없었다. 소설가는 동네 레코드 가게에서 구경만 하면서 그 내용을 상상했다. 기후 지방의 촌뜨기 중학생에게는 멀리에 도쿄가, 그 한없는 저편에 뉴욕이 있었다.

입구 옆에 있는 스케줄 보드를 보니 내일 밤 랜디 뉴먼이 작은 홀에서 콘서트를 연단다.

와우. 일본에는 절대 오지 않는 랜디 뉴먼(Randy Newman. 미국의 작곡가이자 가수로 영화 〈Toy Story 3〉로 아카데미 영화 주제가상을 수상했고, 그 밖에 그래미상과 에미상 등을 다수 수상했다—옮긴이)!

"이 사람, 유명합니까?"

편집자가 묻는다.

"〈메이저 리그〉라는 영화에서 오프닝 송을 불렀던 삐딱한 유대인이잖아."

"아, 네."

겨우 아, 네. 아아, 바로 그 사람! 이라는 표정은 없었다.

그런데 티켓이 남아 있지 않단다. 아쉬웠지만, 그래도 반갑다. 뉴욕에는 안목이 뛰어난 사람들이 많군요.

눈에 띄는 카페에 들어가 셋이서 내일과 모레의 계획을 세운다.

"양키스의 주말 경기는 이틀 다 낮 경기라서 밤 시간은 마음대로 사용할 수 있습니다."

사진가가 경기 티켓을 미리 구해 놓은 듯하다.

"그럼 내일 밤에는 스모크에 가지. 인터넷으로 조사해 봤더니, 지미 콥 콰르텟이 연주하던데. 게다가 게스트는 에릭 알렉산더."

소설가가 그렇게 요청하자 사진가가 곧바로 휴대 전화를 꺼내어 예약한다. 완벽한 영어였다.

"그리고 저녁은 아시아 음식을 먹고 싶은데, 어디 아는 음식점이 있으면······."

"차이나타운에 가면 되겠군요. 괜찮다면 찾아봐서 예약

해 놓겠습니다."

사진가가 편집자에게 말한다. 사진가는 마치 수완 좋은 문예 편집자처럼 헌신적이다.

"엔도 군, 아주 훌륭한 사진가를 찾아냈군."

소설가가 빈정거렸다.

"그럼요. 알아서 척척 아닙니까."

편집자가 웃는다. 여행의 길동무는 천진한 인간이 최고다.

호텔로 돌아가 잠시 쉬기로 했다. 그러고 보니 가물가물 잠이 온다. 지금 일본은 한밤중이다.

힐튼 호텔 40층에 있는 방은 마치 절벽 끝 같다. 골목 하나를 사이에 두고 옆 빌딩이 우뚝 솟아 있어 골짜기를 내려다보는 느낌이 든다. 유리창으로는 오피스에서 바쁘게 움직이는 뉴요커들이 보인다. 샤워를 하고 잠옷 차림으로 한동안 그 광경을 바라보았다.

소설가는 타인의 일상을 바라보는 걸 좋아한다. 관찰이랄 만한 것은 아니고 그저 멍하니, 저무는 해를 바라보듯.

자명종을 맞춰 놓고 침대로 들어갔다. 창밖에서는 경찰차의 사이렌 소리가 쉴 새 없이 울린다.

저녁 7시, 택시를 타고 차이나타운으로. 뉴욕의 도로는 달 표면처럼 울퉁불퉁하다.

"세금을 엉뚱한 데다 쓰나 봅니다."

위아래로 몸이 출렁거리자 편집자가 한마디 한다.

"그러게 말이야. 군사비에서 1퍼센트만 할애해도 맨해튼 전체의 도로가 볼링 레인처럼 매끈해질 텐데."

소설가가 동조한다.

부자들이 항의하지 않는 게 신기하다. 페라리나 포르셰는 에어댐(air dam. 자동차의 공기 저항을 줄이고 안정도를 높이기 위해 앞, 뒤나 옆면의 아래쪽으로 덧대는 장치—옮긴이) 교체 비용도 만만치 않을 텐데.

"이 부근이 그리니치 빌리지입니다."

사진가가 가르쳐 준다.

"오오, 빌리지 뱅가드!"

"그건 또 무슨 소리인가요?"

"이 지역, 7번가에 있는 명문 재즈 클럽. 마일스와 롤린스, 콜트레인도 그 클럽에서 컸지."

"호오, 책방이 아니군요."

소설가는 노인이 된 기분이었다.

20분쯤 지나 차이나타운에 도착. 하하하. 흐뭇한 웃음이 나온다.

거리 전체가 홍콩을 그대로 옮겨 놓은 듯하다. 중국 사람들이란 참.

"최근에 북쪽으로 퍼져 나가면서 리틀 이탈리아의 절반이 차이나타운으로 변했습니다."

사진가가 어깨를 으쓱하며 설명한다.

이스트 빌리지까지 차이나타운으로 변신한다 한들 놀랄 일이 아니다. 이 민족은 생명력이 강하다. 노점에서 돼지고기 만두를 팔고 있는 아저씨는 보나마나 영어를 모를 것이다. 그래도 이 거리에서 생활하는 한 아무런 불편이 없다. 도시를 넓혀 나가기만 하면 된다.

사람은 아무리 좁아도 자기 영역이 있으면 살아갈 수 있는 법, 공동체라는 것 자체가 집단적 은둔 아닌가.

"첫날인데도 안심되는데요, 아시아 사람들을 보니까."

부끄럽지만 고개를 끄덕이며 편집자의 말에 동감한다. 일단 겉모습이 같으니 친근감이 불끈 솟는다.

정면이 전부 유리인 세련된 레스토랑에 들어갔다. 지하로 안내를 받았는데, 아시아 사람들이 테이블을 차지하고 있다.

"북경오리잖아."

소설가의 입이 짝 벌어진다. 손님들 대부분이 얇은 전병으로 돌돌 만 그것을 다람쥐가 호두 먹듯 오물거리고 있다.

"그렇군요. 이 가게 간판 요리가 북경오리인가 봅니다."

사진가가 그렇게 설명한다.

좋았어. 점심에 먹은 맛없는 터키 샌드위치의 원한을 풀어야겠군.

북경오리에 청채소테, 그 밖의 가지가지를 주문한다. 물론 맥주도.

뭐가 뭔지 모르겠지만, 아무튼 건배! 마셔 주지요, 먹어 주지요.

그런데 나온 요리를 보고는 세 남자, 눈을 희번덕거린다.

"북경오리, 보통은 껍질을 말하지 않나요?"

편집자가 작은 소리로 물었다.

"저도 그렇게 알고 있는데……."

사진가도 그런 북경오리는 처음인 듯 떨떠름해한다.

접시에 담겨 있는 북경오리는 오리 껍질에 1센티미터 정도 두께의 살이 붙어 있다. 게다가 양이 엄청나다.

"껍질만 가지고는 미국 사람들 양에 차지 않아서 그런 것 아닐까요?"

사진가는 그렇게 분석했다. 아마도 그 말이 옳을 것이다. 어디선가 읽은 적이 있다. 미국 음식의 양이 지나치게 많은 것은 유럽에 대한 어필이라고. 신대륙이 얼마나 풍요로운 곳인지 선전해서 이민을 유도하려 했던 것이라고.

지금은 21세기입니다. 아직도 이런 물량 전술을 써서야.

두 팔을 걷어붙이고 북경오리에 도전. 하지만 세 조각을 먹자 배가 불렀다. 맛있어서 남기기가 아까웠다.

문득 옆 테이블을 보니, 중국계 미국인인 듯한 부부가 북경오리 한 접시를 싹 해치우고 있었다. 거기에다 고기가 들어 있는 수프까지 꿀꺽꿀꺽, 그릇을 다 비운다. 우리가 어린애처럼 여겨졌다.

"위가 환경에 적응하는 걸까?"

소설가가 물었다.

"저는 뉴욕에 10년을 살고 있는데도 일본 사람 위인데요."

슬림한 사진가가 대답한다.

네 조각을 먹고는 힘이 다했다.

"엔도 군, 나머지는 자네에게 맡기지."

"안 됩니다. 옆 사람들 먹는 것만 보고도 배가 부른데요."

이번에도 절반을 남기고 일어선다. 앞으로의 방침이 정해졌다. 최대한 양이 적은 식사를.

계산을 치르고 계단을 올라가 보니 1층 손님들은 전부 백인이었다.

"이렇게까지 노골적으로 구분하는 건가."

소설가가 얼굴을 찡그렸다. 백인들 사이에 끼고 싶은 건 아니지만, 유색 인종은 지하실행이라는 게 마음에 들지 않는다. 게다가 경영자도 중국 사람인데.

"하기야 아오야마 언저리의 오픈 카페에서도 앞줄은 백

인이 차지하지."

소설가, 혼자 중얼거리며 한숨을 내쉰다. 백인 천국이라……. 후세인에게 한 표. 아닙니다, 농담.

레스토랑에서 나와 캐널 스트리트를 건너려고 할 때, 사이클을 탄 무리와 마주쳤다. 족히 백 대는 될 듯하다. 마운틴 바이크, 로드 바이크 등 각종 자전거를 탄 젊은이들이 환성을 지르며 대로를 달려간다.

대체 무슨 소동인지. 10시가 넘은 밤이다. 사진가에게 물어봤지만 모르겠다는 대답이다. 하지만 신나 보인다. 보는 이쪽까지 기분이 유쾌해진다.

"예잇!"

"캬오!"

길 가던 사람들도 화답한다.

매일이 퍼레이드. 그런 소절이 떠오른다.

뉴욕에 왔다는 실감이 들끓는다.

2

오전 10시, 9·11테러 현장을 찾았다.

"그냥 공사 현장 같은 느낌인데요."

편집자가 아주 솔직한 감상을 내놓는다.

"어이, 최소한 심각한 표정이라도 지어야지."

소설가가 옆구리를 찌른다. 주말이라 주변에는 미국인 관광객들로 가득하다.

그들은 철책에 걸려 있는 전시 패널을 바라보며 "오! 노!" 하고 탄식한다.

기독교를 믿는 무구하고 평범한 사람들. 모두 좋은 사람들이다. 다만 소설가는 때로 그런 선남선녀에게 두려움을 느낀다. 착한 사람들은 너무 쉽게 광신자가 된다.

아무튼, 묵도. 3천 명 이상이 이 자리에서 희생되었다. 그 가운데에는 일본인 회사원들도 많다. 그들은 무슨 일이 생겼는지도 모른 채 죽었다.

"그때, 어디 있었습니까?"

사진가에게 묻는다.

"어퍼 이스트에 있는 제 아파트에 있었죠. 카메라를 들고 현장으로 달려갔지만, 접근할 수가 없었어요."

집에서 10킬로미터도 채 안 되는 곳에서 벌어진 사건. 그는 역사의 목격자다.

세상이 텔레비전 시대로 접어든 이래 9·11테러의 참상은 가장 충격적인 영상이었을 것이다. 소설가는 지구 반대편에서 두 빌딩이 붕괴되는 순간을 텔레비전 화면으로 보았다. 똑같은 체험을 한 사람들이 이 지구상에 수억은 넘을 것이다. 그 영상을 통해, 빈 라덴을 비롯한 이슬람 과격파는 세계의 적이 되고 말았다. 텔레비전의 가공할 힘이다.

미국은 태평양 전쟁 당시 텔레비전이 아직 없었다는 점을 감사해야 할 것이다. 일본 측의 보도로 도쿄 대공습과 히로시마·나가사키 원폭 투하 장면이 온 세계로 퍼졌다면 역사는 많이 달라졌을 것이다.

주위를 한 바퀴 돌아본다. 여기저기 낙서(라기보다 메모)가 적혀 있다. 일본 사람이 쓴 것도 있다.

'FIGHT NEW YORK! by kyoko'

음. '힘내라'는 뜻으로 쓴 것 같은데, 그렇게 읽히지 않아요, 교코 씨.

산책도 할 겸 월 가로 걸음을 옮긴다. 영화나 텔레비전에서 많이 보아 익숙한 탓인지, 거대한 영화 세트장으로 발을 들여놓은 듯한 착각을 느낀다.

야, 역시 그림이네, 그림. 한숨이 절로 나온다. 세계 경제의 중심이라고 자부할 만하다. 일본의 증권가인 가부토초 따위, 드라마가 생겨날 여지가 없다.

월 가의 중심 구역은 통행금지였다. 뉴욕 증권 거래소 앞에는 기관총을 멘 경찰관들이 서 있다.

테러의 대상이 될 수 있는 장소에는 철저한 경비망을 펼치고 있는 듯하다. 뉴요커가 도쿄에 오면 무방비한 거리 모습에 놀라지 않을까. 긴장감이 유치원 교실 수준이니까.

그다음은 브루클린 쪽으로 방향을 잡는다. 소설가가 "브루클린 다리를 건너 보고 싶다"고 했기 때문이다.

사진가가 빌린 렌터카를 타고 로어 맨해튼을 달린다. 운전까지, 사진가가 그야말로 북 치고 장구 치고 혼자서 다 한다.

맨해튼 섬에 설치된 이 최초의 다리는 고딕 양식의 고전적인 위용을 자랑하고 있었다. 이런 구조물이 120년 넘게 건재하다니, 정말 멋지다. 다리는 그 도시의 얼굴이다. 그런데 일본은? 니혼바시 다리 위로 고속도로를 뚫은 자는 사형에 처해야 한다.

다리를 건너 선착장에서 한숨 돌리기로 한다. 이스트 리버를 끼고 바라보는 맨해튼 또한 절경이다.

"세계 무역 센터 빌딩이 저 언저리에 있었어요."

사진가가 허공에 손가락으로 그리는 방향을 본다. 잡지 등에서 흔히 보아 잘 알고 있는 풍경이라서 그 건물이 있던 시절을 쉬이 상상할 수 있었다.

나그네의 감정조차 이러하니 뉴요커들의 상실감은 말로 다 할 수 없으리라. 도쿄 타워가 어느 날 갑자기 사라진다면 도쿄 사람들은 패닉에 빠질 것이다. 그리고 파괴한 인간을 평생 용서하지 않을 것이다. 전쟁이란 그런 일들의 연속이다.

구름이 바람에 날려 가면서 햇살이 비쳤다. 마천루가 파란 하늘 속에 솟아 있다.

"소설을 쓰고 싶어지는 풍경이로군."

소설가가 심호흡을 하며 말했다.

"야, 이거 대박인데요. 모시고 온 보람이 있어요."

편집자가 햇살에 눈을 찡그리면서 느릿하게 말한다.

"『한밤중에 행진』 파트 2. 그 세 사람이 이번에는 맨해튼에서 한바탕 소동."

"그건 슈에이샤(集英社)에서 나온 거잖아요. 울겠네, 울겠어."

이스트 리버 위에서는 갈매기가 한가로이 날고 있었다.

유니언 스퀘어에서 늦은 점심을 먹고, 다시 차를 타고 고속도로를 달린다. 향하는 곳은 양키 스타디움. 시즌 마지막 주, 161번째 경기다.

"마쓰이는 여기서도 인기가 있습니까?"

소설가가 물었다.

"꽤 있는 것 같던데요. 일반적이라고는 할 수 없지만."

사진가의 대답이다.

왠지 상상이 갔다. 과거 노모 히데오가 다저스에 입단하던 해, 로스앤젤레스에서 돌아온 친구가 이렇게 분개했다. 일본 매스컴은 다 사기다, 노모 열풍이 다 뭐냐, 어디에도 그런 것은 없었다, 고. 미국은 나라 구석구석까지 다양화가 진행된 나라. 한 가지에 쏠리는 일은 없다. 일본 사람들만 야단법석을 떨었던 것이다.

"뉴욕에서 유명한 일본 사람, 누가 있을까요?"

이번에는 편집자가 물었다.

"글쎄요. 오노 요코와……"

사진가가 핸들을 잡은 채 생각에 잠긴다.

"아, 해마다 코니아일랜드에서 핫도그 빨리 먹기 대회를 여는데, 그 대회에서 3연패를 한 일본 사람이 있어요. 그 사람, 꽤 유명합니다."

"핫도그 빨리 먹기 대회……라고요?"

"길거리를 걸어가는데 저더러 누가 그러더군요. 빨리 먹기 대회 우승자 아니냐고."

둘 다 맥이 쫙 풀렸다. 마쓰이 자네, 빨리 먹는 남자보다 못한 건가.

브롱크스에 진입, 고속도로에서 빠져나오자 길 저편에 양키 스타디움의 거대한 외벽이 보였다. 와우! 베이브 루스가 세운 야구의 성전, 메이저 리그의 상징.

소설가는 사진만 보고도 그곳이 메이저 리그의 어느 구장인지 알아맞힐 수 있다. 특히 양키 스타디움은 3층석 스탠드의 경사진 일부만 보고도 알 수 있다. 저, 실은 야구장 오타쿠입니다.

노모가 태평양을 건너가기 훨씬 전, 메이저 리그 중계가 없던 시절부터 책방의 외국 서적 코너에 죽치고 앉아 메이저 리그 사진집을 섭렵하면서 미국의 아름다운 구장을 바라보고 또 상상을 키웠다. 과거 시카고 화이트 삭스의 그 유명한 구단주 빌 비크(Bill Beeck)는 '세계에서 가장 아름다운 장소, 그곳은 바로 관중들로 꽉 찬 야구장이다.'라고 말했다. 명언 중의 명언이다. 부채꼴 필드와, 필드를 둘러싼 스탠드. 내야의 잔디와 흙의 조화. 그 아름다움은 축구장에 비할 바가 아니다.

물론 선수들도 좋아했다. 돈 매팅리, 조지 브렛, 에디 머레이, 마이크 슈미트, 드와이트 구든, 오렐 허샤이저……. 80년대 이후의 명선수들은 거의 알고 있다. 메이저 리그의 팬으로 산 세월이 어제오늘이 아니다.

그런데도 실제로 보는 것은 오늘이 처음이라니, 소설가의 성격 알 만하다. 행동하지 않는 인간의 전형이다.

오후 3시, 스타디움에 도착했다. 구장 앞이 사람들로 넘쳐난다.

 오오, 바람직한 분위기. 다들 즐기자고요. 웃음 띤 얼굴의 퍼레이드다. 경기가 시작되려면 아직 시간 여유가 있어서 지하철 고가 너머에 있는 기념품 가게와 스포츠 바에 들렀다. 사람들 대부분이 양키스 모자를 쓰고 있다. 충성심의 정도가 일본과는 다르다. 완전히 지역에 뿌리박혀 있는 것이다.

 길거리에는 암표상으로 보이는 흑인들이 우글거렸다. 경찰이 나타나면 노점상이 휘파람을 분다. 그것을 신호로 암표상은 뿔뿔이 흩어진다. 그들 대부분이 십 대로 보였다. 마피아가 아니라 스트리트 갱의 영역인가 보다. 흐음, 왠지 흐뭇하다.

 슬슬 시간이 되어 구장으로 들어간다. 테러 이후로 그런 것인지 큰 물건은 반입 금지다. 경찰의 모습이 유난히 눈에 띈다. 통로를 걸어 스탠드로 들어서자 푸른 잔디가 반겨 주었다.

 소설가, 한참이나 넋을 잃고 바라본다. 이 아름다움, 이 싱그러움. 진구나 도쿄 돔의 인공 잔디에 익숙한 탓에 기쁨이 더하다. 살아 있는 잔디의 싱그러움이다.

 "엔도 군, 정말 오길 잘했어!"

 소설가, 감격의 탄성을 질렀다.

 "그럼, 원고 부탁드립니다."

"아니, 이럴 때 굳이……."

우리 자리는 1루 내야의 뒤쪽이었다. 내야에 눈에 거슬리는 네트가 없어 그라운드가 훨씬 가까워 보인다. 선수와의 일체감도 있고.

그리고 한 가지 알게 된 것이 있는데, 양키 스타디움의 스탠드에서 필드 전체를 내려다볼 수 있는 것은 아니라는 사실이다. 뒤쪽 자리에 앉으면 라이트 쪽의 파울 라인이 보이지 않고, 지붕 때문에 날아가는 공도 따라잡을 수 없다.

하지만 사소한 부분이다. 현장감을 우선해야 한다.

선발 출전 선수의 명단을 소개하는 아나운서의 목소리가 장내에 울렸다. 마쓰이는 7번 타자에 좌익수. 그리고 선발은 통산 300승을 자랑하며 '로켓'이라는 별명으로 불리는 우완 에이스 투수 로저 클레멘스(Roger Clemens)다.

우레 같은 환성과 박수 소리. 토요일이라 더욱이 스탠드가 거의 꽉 찼다. 클레멘스는 올해를 끝으로 은퇴한다고 표명했다(그 후 몇 번이나 복귀했다). 시즌 마지막 등판이다. 그런 경기를 관전하는 행운이라니.

상대 팀은 볼티모어 오리올스. 칼 립켄 주니어와 라파엘 팔메이로가 없는 탓에 전원 이름을 모르는 선수다.

경기 전에 국가를 제창한다. 소설가도 일어나서 가슴에 손을 얹었다.

선수가 그라운드로 흩어진다. 또다시 우레 같은 환성. 거의 록 콘서트 수준이다.

클레멘스의 투구가 불안정하다. 볼 컨트롤이 좋지 않아 사구를 연발하고 있다. 2회에 일찌감치 2점을 내주었다.

2회 말에 무사 1루의 찬스, 때마침 마쓰이의 타순이 돌아왔다. 근처에 있는 여자들이 "고질라(Godzilla. 마쓰이 선수의 별명. 동명 영화의 주인공인 괴수의 이름으로, 마쓰이 선수가 고교 시절 타 선수들에 비해 체격이 월등히 좋아 얻은 별명—옮긴이)!"를 외친다. 인기가 있기는 한가 보다. 그러나 냉정하게 판단하면 지터나 제이슨 지암비(Jason Giambi)가 받는 성원의 절반 정도. 어쩔 수 없다. 양키스는 세계 최고의 스타 군단이다.

마쓰이는 3루 앞 땅볼로 덧없이 무너졌지만, 1번 알폰소 소리아노(Alfonso Soriano)가 2점 적시타를 쳐 점수를 따라잡았다. 관객들 총 기립 박수.

이 기립 박수가 일본에 뿌리를 내리지 못하는 것이 못내 아쉽다.

미국에는 사설 응원단은 없어도 각 스탠드에 명물 팬이 있는 듯하다. 소설가 바로 앞에서 갑자기 소리를 내지르는 아저씨가 있었다. 그가 "예이!" 하고 외치면 주위 사람들도 "예이!" 하고 화답한다. 그런 주고받기를 몇 번 계속한 후에 "렛츠 고 양키스, 차 차 차차차." 하고 구호와 손뼉이 시작된다. 소설가도 동참했다. 정말 신났다.

위에서 보는 기분도 체험하고 싶어서 사진가와 둘이 3층 석으로 올라갔다.

올라가면서 깜짝 놀랐다. 경사도가 오싹할 정도다. 까딱 계단을 잘못 밟았다가는 거꾸로 곤두박질칠 것 같다. 그러나 전망은 최고여서 3층석인데도 선수가 가깝게 보인다. 가슴이 두근두근 설렌다.

일본 같으면 위험하다는 이유로 이런 스탠드는 절대 만들지 않을 것이다. 내야 네트가 없는 것도 마찬가지. 결국은 선택의 문제다. 재미를 택할 것이냐, 안전을 택할 것이냐. 미국은 관중 각자의 책임하에 전자를 선택했다. 무사 안일주의인 일본은 가차없이 재미를 버린다.

일본의 구단 관계자는 메이저 리그 구장의 아름다움과 구장에서의 즐거움을 진즉에 알고 있을 것이다. 그럼에도 바꾸려고 하지 않는다. 바보들.

다시 내 자리로 돌아왔다. 마쓰이는 두 번째 타석에서 사구, 세 번째 타석에서 센터 앞으로 굴러가는 땅볼로 안타.

"마쓰이도 잘 풀리지 않는군."

소설가의 한마디.

"첫해인데 너그럽게 봐주시죠."

편집자가 변호한다. 그는 자이언츠의 팬이기도 하다.

"그래도 낙담하지 않는 걸 보면 마쓰이도 대단해."

"그럼요. 우는소리 한 번 안 하지 않습니까."

이치로나 노모도 그렇고, 축구의 나카다도 그렇다. 일류 선수는 불평불만을(적어도 겉으로는) 늘어놓지 않는다. 언제나 평상심을 유지한다. 그래서 훌륭하다.

"나 같은 사람은 술만 들어갔다 하면 투덜거리는데."

"저도 마찬가지입니다."

한동안 묵묵히 관전. 뛰어난 운동선수는 범인에게 반성을 촉구한다.

그건 그렇고, 미국 사람들은 정말 잘 먹는다. 경기 중에도 판매원에게 땅콩과 크래커를 사서는 쉴 새 없이 입을 오물거린다. 눈앞에 있는 커플이 거대한 핫도그와 수북한 감자튀김을 해치운 후 아이스크림과 솜사탕을 동시에 손에 든 것을 보고는 속이 다 메슥거렸다. 저녁밥도 양껏 먹을 테죠, 아마!

"땅콩! 땅콩!"

스탠드는 판매원들이 질러 대는 소리로 시끌시끌하다. 그들도 축제의 흥을 돋우는 중요한 일원이다.

판매원이 멀리 통로에서 땅콩 봉지를 던진다. 잘 받으면 "와아!" 하며 갈채를 보내고, 놓치면 "우우." 하는 야유. 이 광경도 참 재미나다. 미국 사람들은 뭐든 게임으로 만들어

버린다.

그렇다면 땅콩 값은? 관중석에서 릴레이전이 펼쳐진다. 모두들 싫은 내색 하나 하지 않는다. 소설가도 몇 번이나 전후좌우에서 전해져 오는 누군가의 달러를 옆으로, 앞으로 건넸다.

7회 양키스의 수비. 클레멘스가 마운드에 서서 투구 연습을 끝내자 조 토레(Joe Torre) 감독이 벤치에서 나온다. 그 순간, 온 야구장이 환성에 휩싸였다. 전원이 일어나 성대한 박수갈채를 보낸다. 소설가는 영문을 모르는 채 따라 일어섰다. 대체 무슨 일인가 하고 지켜보니, 투수를 교체한다는 사인이 있었던 모양이다. 클레멘스가 마운드에서 천천히 나왔다.

오, 그런 거였군. 토레 감독은 클레멘스에게 기립 박수를 받을 수 있는 기회를 주기 위해 일부러 불필요한 투구 연습을 시킨 것이었다.

참 멋진 연출이다. 브라보! 미국 사람들은 멋을 안다.

클레멘스는 벤치로 돌아갔다가 다시 나와 모자를 벗고 커튼콜에 응했다. 또 우레 같은 환성과 휘파람 소리. 가슴이 뜨거워진다. 고마워요, 로저. 당신은 야구 그 자체입니다.

경기는 양키스의 9번 타자가 홈런을 두 개나 날려 6 대 2로 쾌승. 승패와는 무관한 경기였지만 조금도 따분하지 않았다. 관중 한 사람 한 사람이 즐기려 했기 때문이다. 소설가도 그 분위기를 마음껏 즐겼다.

프랭크 시나트라의 〈뉴욕 뉴욕〉이 흐르는 가운데 스타디움을 뒤로했다.

"야, 정말 좋더군요."

편집자가 상기된 얼굴로 말했다.

"그에 비하면 도쿄 돔의 자이언츠전 따위는 촌극이지."

그렇게 응수하는 소설가.

"그럼 진구 구장에서 벌어지는 주니치전은 축제 날의 전시 공연 같은 겁니까?"

윽, 되받을 말이 없다. 깜박 말하는 걸 잊었는데, 소설가는 주니치 드래건즈 팬이다.

주차장으로 가서 차를 탔다. 나가는 길이 극심한 정체를 빚고 있다. 차들이 줄줄이 늘어선 채 꿈쩍도 하지 않는다.

딱히 서두를 일도 없으니까 차 안에서 얌전히 기다리기로 했다.

그런데 눈앞에 있는 빨간 쿠페의 창문이 열리더니 수염이 텁수룩한 백인이 고개를 내밀고 버럭버럭 고함을 지르기 시작했다. "대체 어떻게 된 거야, 꿈쩍을 하지 않잖아! 책임자 나오라고 해!" 대충 그런 소리인 듯하다. 남자는 마치 프로 레슬러처럼 체격이 좋고, 민소매 셔츠 밖으로 통나무 같은 두 팔이 드러나 있다.

"저 아저씨, 되게 시끄럽네요."

편집자가 얼굴을 찡그린다.

"자유의 나라니까 그렇지."

소설가가 대답한다. 북한 같으면 수용소행일 것이다.

"으악, 차에서 내리는데요."

쿠페에서 내린 남자가 소설가 일행이 타고 있는 차 바로 옆을 지나갔다. 그리고 철조망 너머 아래쪽 길을 향해 뭐라고 외친다.

"왜 이렇게 움직이지 않는 거야! 이유가 뭐야!"

짐작건대 그런 내용인 듯하다. 그러나 만족스러운 대답을 얻지 못했는지 철조망을 두 손으로 흔들어 대며 "퍽(fuck)! 퍽!"을 연호한다.

"오쿠다 선생님, 저 아저씨 미친 거 아닐까요?"

"쉿! 눈 마주치지 않게 조심해. 나, 보험에 안 들었다고."

그런데 놀랍게도 주위에 있는 누구 하나 신경을 쓰지 않는다. 바로 근처에서는 차에서 내린 커플이 태연하게 잡지를 보고 있다.

"퍽! 퍽!"

"다들 무섭지 않나 봅니다."

"미국 사람들에게는 익숙한 광경이니까요."

사진가가 설명했다.

"이 도시, 어디를 가든 고함을 질러 대는 사람이 있어요."

오호라, 그렇구나. 그 점도 역시 뉴욕답다.

남자는 30분 가까이 악다구니를 퍼부었다.

"저 아저씨, 스트레스 쌓일 걱정은 없겠군요."

옳은 말씀이다. 오늘 밤은 곤히 잠들 거다.

밤 9시, 어퍼 웨스트에 있는 '가리노 스시'라는 생선초밥집에서 저녁. 창작 초밥으로 유명하다고 해서 추천 요리 코스를 주문했다.

손님은 일본 사람과 백인이 각 절반 정도씩. 화제의 가게인 듯, 손님들이 밖으로 길게 늘어서 있다.

그리고, 나온 생선초밥을 보고는 감격했다. 신선하고 맛있다. 소스를 뿌려 놓아 간장이 따로 필요 없다. 게다가 고추냉이도 사용하지 않았다. 하얀 쌀밥 위에 연어, 그 위에 양파와 토마토소테, 그리고 양파 소스. 이런 식으로 조합된 생선초밥이 줄줄이 나온다.

"아홍. 뉴욕 만세."

소설가의 입이 쩍 벌어진다.

이건 뉴욕 요리다. 일본에서 이런 생선초밥을 내놓으면 사이비로 취급될 수도 있다. 허허벌판이라 무엇이든 자유롭게 세울 수 있는 나라. 미국은 그렇게 자신들의 문화를 구축해 왔다.

소설가 일행이 너무 맛나게 먹는지라, 옆 테이블의 백인 여성 이인조가 호기심이 동하나 보다. 힐금힐금 자꾸 훔쳐본다.

사진가가 그들에게 영어로 말을 건넸다.

"다음에 와서 '추천 요리 코스'를 주문하면 이걸 먹을 수 있어요."

그렇게 말하는 듯하다. 상대의 질문에도 거침없이 대답한다. 소설가와 편집자, 꿀 먹은 벙어리.

"좋겠어, 영어를 자유롭게 구사할 수 있으니."

"일본에 돌아가면 영어 학원에 다닐까 봅니다."

"보나마나 외국에 나갔을 때나 그런 생각 할 거면서."

"눈치 채셨습니까?"

아무렴.

구운 성게에는 혀도 마음도 녹아 버렸다. 뉴욕의 행복한 밤.

밤 11시, 행복은 아직도 계속된다. 『뉴욕 매거진』이 베스트 오브 재즈 클럽으로 꼽은 '스모크'에서 라이브를 듣는다. 테노 타이탄(Tenor Titan. 색소폰 연주자)과 에릭 알렉산더를 그들의 본거지에서 보게 되다니.

"베스트 클럽치고는 수수하군요."

편집자의 솔직한 감상. 실내 인테리어가 아오야마 언저리에 있는 재즈 클럽에 비하면 B급 수준.

"저 말이지, 미국에서는 재즈가 패션이 아니야. 연주 위주이기 때문에 장식은 불필요하다고."

왠지 울컥해 그렇게 변명했다.

사진가는 가게 쪽에 사진 촬영 허가를 얻어 무대 바로 앞까지 진출했다.

"다나카 씨, 정말 믿음직스럽군."

하나에서 열까지 전부 도맡아 하고 있어 우리 쪽이 무용지물로 여겨진다.

"우리, 이 도시에서 살 수 있을까?"

"뭐 하면서 사시게요?"

"소설가."

"그러면 살 수 있겠죠. 쇼핑할 때 말고는 집에 콕 박혀 있으면 되니까."

"은둔형 소설가라……."

"그래도 직함에는 '뉴욕 거주'라고 붙잖습니까."

"오, 한번 생각해 볼 만하군."

이 바보스러움은 언제나 고쳐질까.

연주는 후끈했다. 에릭이 색소폰을 빵빵하게 불어 댄다. 그렇게 들어서 그런지 음압까지 다르게 들린다.

연주자를 진지하게 만드는 것은 청중의 엄격한 시선이다. 일본 재즈가 엉망인 것은 청중이 너무 친절하기 때문이다. 라이브라고만 하면 무조건 좋아한다. 레코드 회사는 젊은 직장 여성을 타깃으로 한 탓에 제 손으로 제 목을 졸랐다. 재즈는 '세련된 나이트 라이프'의 소도구로 전락하고 긴장감이 사라졌다. 그러니 브랜포드 마살리스 같은 재즈 뮤지션에게 "일본 사람들은 재즈를 모른다."는 소리나 듣는 것이다.

야구도 그렇다. 클레멘스가 일본에 오면 어떤 감상을 품을까. 경기가 어떻게 전개되든 상관없이 뿜빠라 뿜빠 악기를 울려 대는 응원단. 그 외에는 잠잠하기만 한 관객. 이렇다 할 매력 없이 획일적인 구장. 팬과의 교류를 막는 내야 네트.

재즈와 야구는 국민성을 여실히 보여 준다. 어른들이 어떤 감각을 지니고 있는지가 문제인 것이다.

"일본의 회사원들이 나쁘지."

"무슨 소립니까, 뜬금없이?"

"멋을 모르는 작자들이 너무 많아."

소설가는 위스키 잔을 비우며 말한다.

"자네들 업계도 그렇지. 아무 재미도 없는 삼류 소설만 팔아 대고."

"얘기가 좀 비약되는 것 같습니다."

"좋은 게 아주 많이 팔리는 것은 좋은 일이야. 하지만 나쁜 것이 많이 팔리는 것은 아주 나쁜 일이지. 그걸 회사원들은 몰라."

"그런 말은 우리 출판사에서 책이나 낸 다음에 하시죠."

편집자가 입을 비죽 내밀고 말한다.

"헉."

지미 콥 콰르텟과 에릭 알렉산더의 열연은 한 시간 넘게 계속되었다. 대만족이었다. 이 몸, 본고장의 재즈를 들었답니다.

3

다음 날 오전 9시. 리버티 섬으로 향하는 배터리 파크의 페리 선착장은 관광객들로 북적거렸다.

"에이, 다들 촌뜨기들이잖아. 저 물 빠진 청바지, 한 15년 만에 보는 것 같은데."

소설가가 눈살을 찌푸렸다. 운동복 차림의 무리도 있다.

"일요일이잖아요. 그리고 뉴욕 사람들은 관광 명소에 안 오죠."

"그래도 그렇지. 우와, 저기 저 백인 오빠, 맨살에 V네크 스웨터 입고 있잖아. 게다가 레이밴의 잠자리 선글라스."

"아아, 그렇게 손가락으로 가리키면 안 되죠. 보험도 안 들었다면서."

시골 사람들은 세계 공통이다. 모두들 선량해 보이고 목소리가 크다. 아이들이 뛰어다니는 것도 일본과 비슷하다.

페리 승선 티켓을 사고 앞으로 걸어가자 수하물 검사소가 기다리고 있다. 공항에 버금가게 검사가 철저하다. 자유의 여신상은 테러의 표적이 되기 쉽다는 판단 때문일 것이다. 직원 전원이 유색인이고 태도가 그리 친절하지 않다. 빠른 영어로 뭐라 뭐라 하는데, 혼이라도 나는 기분이다. "파든?" 하고 되물어도 말투는 변함없다. 더구나 '플리즈'라는 한마디를 하지 않는다. 막대기로 가리키며 "벨트를 풀라."고 지시했을 때는 진짜 속에서 뭐가 울컥 치밀었다.

"기억해 두라고. 일본에 오기만 하면 일본 말 공세를 해주겠어."

"일본에 왜 오겠어요."

"음……, 그렇긴 하군."

"볼일도 없을 텐데."

"그건 그래."

소설가의 목소리 톤이 툭 떨어진다.

이런 일이 하와이에서 벌어졌다면 절대 용서치 않는다. 책임자 나오라고 씩씩거리며 호통을 칠 것이다. 어디 이런 데 두 번 다시 오겠어. 피지도 있고 타히티도 있고, 섬은 얼마든지 있다고. 하지만 뉴욕은 하나밖에 없다. 뉴욕에 가고 싶으면 뉴욕에 가는 길밖에 없다.

"거참, 짜증나는군."

"콧대 높은 여자려니 하시죠."

그런가, 연애의 역학 관계와 비슷한 건가.

페리를 타고 리버티 섬으로. 하필 날씨가 별로 좋지 않다. 하지만 묵직한 구름에 덮인 맨해튼의 마천루도 그런대로 볼만했다.

관광객들이 두 번이나 사진을 찍어 달라고 했다.

역시 미국이로군. 일본 사람들 같으면 외국인에게 사진을 찍어 달라는 부탁은 절대 하지 않을 것이다. 다민족 사회에 완전히 녹아든 사람들이다.

사진을 찍어 주니 다들 "땡큐." 하면서 최상의 스마일. 이쪽도 "유 아 웰컴." 하면서 미소로 답한다. 용서한다. 이 사람들의 웃는 얼굴을 봐서 아까 그 무례한 직원을 용서하기로 한다.

리버티 섬에 도착해 보니 자유의 여신은 상상했던 것보다 몸집이 작았다. 텔레비전에서 많이 보아 눈에 익은 것들은 실제로 보면 대개 작게 느껴진다.

그런데 바로 밑에서 보고는 압도당했다. 무엇보다 디자인이 멋지다.

프랑스도 참 멋진 선물을 했다 싶다. 일본은 다른 나라에 이런 선물을 한 적이 있을까. 달라는 대로 돈을 주고는 잊힌다. 국가 간의 우정과는 인연이 없다.

이라크 전쟁 당시, 미국과 프랑스는 대립했다. 말로 치열하게 싸웠지만, 자유의 여신상이 있는 한 두 나라 사이가 심각하게 멀어지는 일은 없을 것 같다. 미국인들의 우상을 선사한 프랑스 아닌가.

머리 부분에 전망대가 있는데, 9·11테러 이후 일반 공개는 하지 않는단다. 아쉽다. 히치콕 감독의 〈파괴 공작원〉의 현장을 보고 싶었는데.

다시 페리를 타고 엘리스 섬의 이민 박물관으로 간다. 과거 이민국이 있었던 엘리스 섬. 미국민 약 40퍼센트의 선조가 이 섬을 통해 미국으로 입국했다고 한다. 요컨대 미국인에게는 뿌리인 곳이다.

"이곳을 찾은 미국 사람들은 감회가 깊겠네요."

편집자가 미국인 관광객들을 둘러보며 말한다. 모두들 엄숙한 표정으로 전시물을 유심히 보고 있다.

소설가는 제프리 아처(Jeffrey Archer)의 『케인과 아벨』을 떠올렸다. 폴란드 소년 아벨은 단신으로 배를 타고 엘리스 섬으로 온다. 일본에 돌아가면 다시 읽어 봐야겠다. 그 입국 심사 장면은 감동적이었다. 주인공은 이곳에서 새 이름을 얻고 미국인이 된다.

이 나라는 이주민들이 만들었다. 그것도 겨우 200년 전에. 아무것도 없는 땅에 나라를 세웠다. 너무 장대한 스토리라서 일본 사람들은 미처 상상도 하지 못한다.

다소 감상에 젖었다. 미국 사람들은 한층 더하리라.

엘리스 섬에서 돌아오는 길, 페리가 바다 위에서 뚝 움직임을 멈췄다. 뭐라고 안내 방송을 하는데 뭐라는지 모르겠다.

"잠시 정지한다는 말밖에 안 했습니다."

"혹시 엔진 고장?"

소설가는 맨해튼 섬을 바라본다. 그리고 최악의 사태를 상정한다. 저 섬까지 헤엄쳐 갈 수 있을까.

"아마 안전상의 문제 때문에 섰을 겁니다. 선착장에서 무슨 지시가 있었겠죠."

사진가가 설명한다. 불안하다. 이 배에 탈레반이 타고 있다는 게 밝혀졌다?

배가 조금씩 흔들린다. 잠시 후, 편집자의 얼굴이 하얗게 질렸다.

"우욱. 뱃멀미를 하나 봅니다."

"토하려거든 갑판에 나가서 토하라고. 우리 탓이 아니니까."

"좋은 기념이 될까요?"

"그럼, 되고말고."

결국 페리는 30분이나 바다 위에 떠 있은 후에야 다시 움직이기 시작했다. 또 안내 방송이 울린다.

"폐를 끼쳐서 미안하다는 말입니까?"

소설가가 사진가에게 물었다.

"설마요. 여기는 미국입니다. 출발한다는 말밖에 없었어요."

사과하지 않는 미국. 배가 멈춘 원인은 끝까지 알 수 없었다.

비가 그쳤다. 배터리 파크에서 잠시 휴식. 핫도그를 파는 포장마차가 있어서 먹어 보기로 했다.

흑인 오빠가 포크로 가른 빵에 물에 끓인 소시지를 끼워 케첩과 머스터드를 발라 준다. 한 개에 2.75달러.

한입 깨물자 소시지 껍질이 톡 터지면서 따끈한 육즙이 입안 가득 퍼진다.

"오오, 맛있군. 잔구 구장에서 팔면 손님들이 꼬리를 물겠는데."

소설가가 함박 미소를 짓는다. 공원 포장마차에서 파는 소시지가 이렇게 맛있을 줄이야.

"뉴욕 어디나 핫도그는 맛있습니다. 맛없으면 손님들이 가만있지 않으니까요."

사진가가 말했다.

간사이 사람들의 다코야키 같은 것일까. 아무튼 만족.

다음은 어제에 이어 양키 스타디움이다.

메이저 리그 시즌은 4월 첫째 주에 시작되어 9월 넷째 주에 끝난다. 일본 같은 예비일은 없기 때문에 모든 경기가 오늘로 끝난다. 그리고 뒤이어 포스트 시즌이 바로 시작된다. 아시다시피 월드 시리즈는 '폴 클래식(fall classic. 월드 시리즈가 정규 시즌이 끝난 가을에 아메리칸 리그와 내셔널 리그의 우승 팀 간에 펼치는 챔피언 결정전이기 때문에 이러한 별칭이 붙음. 한여름에 펼쳐지는 올스타전은 이와 구분하여 미드서머 클래식이라고 불린다—옮긴이)'이라고도 한다. 이 얼마나 우아한 명칭인지.

소설가는 미국 사람들의 이름 짓는 감각을 무척 좋아한다. 양키스와 메츠의 교류전은 '서브웨이 시리즈'이고, 80년대 후반 애슬레틱스의 두 유격수 간의 콤비 플레이는 '발레 컴퍼니'라고 했다. 일본은 겨우 '다이짱스 타선(야마시타

다이스케가 요코하마 베이스터스의 감독으로 있을 때의 타선을 말한다—옮긴이)'이랍니다.

별명도 다들 멋지다. '세이 헤이' 윌리 메이즈, '해머링' 행크 에런, '빅 유닛' 랜디 존슨, '로켓' 로저 클레멘스. 일본에서 그에 대항할 수 있는 별명은 나가시마 시게오의 '미스터' 정도다. 역시 센스가 모든 걸 말해 준다. 일본 사람들은 놀이 감각이 없다.

일요일인 데다 시즌 마지막 경기라서 그런지 스타디움은 어제와 비슷한 정도로 만원이다. 양키스의 선발은 거구의 데이비드 웰스.

"마쓰이, 오늘은 홈런 하나 날렸으면 좋겠습니다."

뒷자리에서 편집자가 핫도그를 먹으면서 말한다.

"또 먹는 건가?"

"맛있는데 어쩝니까. 이 맛을 기억했다가 노후에 이이다바시에서 핫도그 파는 포장마차나 차릴까 봅니다."

"해고당하면, 이겠지?"

마쓰이는 어이없게 내야 땅볼로 아웃되고 말았다. 그러고는 첫 번째 타석만 끝내고 벤치로 물러났다.

"아 참 싱겁네!"

편집자가 인상을 찡그린다.

"포스트 시즌에 대비해서 몸을 아끼려는 거겠죠."

뉴욕 만세! 109

사진가의 설명대로 지암비와 버니 윌리엄스 역시 선발에 없었다.

그래도 재미는 줄지 않는다. 즐거워하는 무리들이 여기저기 수두룩하기 때문이다.

가령 이런 경우.

이 구장은 백네트가 관중석을 덮고 있어서 파울 볼이 네트를 타고 곤돌라석(관중석 중 방송 중계 등의 목적으로 부스 형태로 만든 자리—옮긴이) 바로 앞까지 굴러간다. 그러면 그쪽 자리 손님들이 잠자리채로 볼을 떠올리려 한다. 잠자리채를 들고 있는 손님이 몇 명이나 있다. 요행히 잘 떠올리면 와아, 환성이 일고, 실패하면 우우, 야유. 만사가 이런 식이다.

정체 모를 프라이팬 아저씨도 등장했다. '양키스는 포스트 시즌에서 어디까지 갈 것인가?'라고 쓰인 플래카드를 들고서 사람들을 붙들고 숟가락으로 프라이팬을 두드리라고 한다. 경비원도 아무 말 하지 않는 것으로 보아 스탠드의 명물 팬인 모양이다.

그리고 5회가 끝난 후에는 그라운드 키퍼들이 〈YMCA〉 노래에 맞춰 갈퀴로 그라운드를 정비하고 특유의 포즈로 춤을 춘다.

소설가 바로 앞에서도 백인 젊은이 네 명이 음악에 몸을 실어 춤췄다.

와우! 예이! 보고만 있어도 절로 흥이 난다.

모두들 그림 같다. 그리고 멋지다. 일본의 톱 플레이어들이 왜 메이저 리그를 선망하는지 그 기분을 잘 알겠다. 수준 차이도 그렇지만, 일본에는 이런 구장과 관중이 절대 없기 때문 아닐까.

경기는 어떻게 되든 상관없다, 대부분의 관중이 그런 심정 아닐까. 우승 팀은 이미 결정되었으니 승패에는 의미가 없다. 홈 팀의 상황을 보러 왔을 뿐이다. 컨디션은 어떤지, 월드 시리즈까지 갈 수 있겠는지. 선수들도 알고 있다. 그들에게는 든든한 후원자들이 있다는 것을. 즉 팬 말이다.

8회 도중에 투수 교체. 무슨 일인지 스탠드가 웅성거린다. 이어 환성이 터졌다. 모두 일어선다. 투수 교체를 알리기 위해 마운드로 향한 사람이 코치가 아니라 클레멘스였던 것이다.

이 멋스런 팬 서비스. 토레 감독은 꽤 비상한 연출가다(다음 날 신문을 보고 이날 경기에서 클레멘스가 감독 대행에 임했다는 것을 알았다).

마지막 경기도 양키스의 승리. 대형 화면에는 이날 4만 5천 명이 입장, 시즌 최다 관중 동원 기록을 세웠다는 표시가 떴다.

모두 박수. 그중에 자신도 있다는 것이 소설가는 자랑스러웠다.

 스타디움을 떠나 이번에는 소설가의 요청으로 센트럴 파크로 향했다. 존 레넌 기념비가 있는 '스트로베리 필즈'와 그가 살았던 다코타 하우스가 보고 싶었다. 뉴욕까지 왔는데 그냥 갈 수는 없다. 소설가의 데뷔작은 존 레넌을 모델로 한 판타지다.
 해 질 녘의 어퍼 이스트사이드를 달린다. 거리의 아름다움이 눈길을 사로잡는다.
 "와우."
 탄식이 절로 나온다.
 "뉴욕 최고의 풍경으로 꼽고 싶을 정도인걸, 나 개인적으로는."
 소설가, 빨려 들어갈 듯 사방을 구경한다.
 "뉴욕 최고의 주택가니까요."
 사진가가 핸들을 잡은 채로 말한다.
 뉴욕 최고라면 세계에서도 최고다.
 고요하다. 미드 타운의 번잡스러움이 마치 거짓말 같다. 고전적인 건물. 푸른 잎이 무성한 가로수. 화단에는 알록달록한 꽃들. 아파트 현관에는 정장한 도어맨이 서 있다.
 "이게 바로 상류 사회로군."

한숨밖에 나오지 않는다.

"오쿠다 선생님도 언젠가 이런 데서 사시죠."

"유전이라도 발굴하면 그러지."

"입주 심사가 상당히 까다롭다던데요."

사진가가 한마디 덧붙인다.

"그럼 안 되겠군. 다시 태어나지 않는 한."

이스트사이드는 영화 〈미드나이트 카우보이〉에서 조가 어슬렁거렸던 거리다. 펜트하우스의 마담을 손아귀에 넣겠노라 장담하면서. 그러나 조는 현실의 장벽에 꺾여 슬럼가로 발길을 돌린다.

나는 조다. 소설가는 그런 인생밖에 상상하지 못한다. 모든 것에 주눅이 든다. 엘리트와 하이클래스는 다 싫다.

파크 애비뉴에서 북쪽으로 내려가는 거리의 풍경은 세계유산으로 삼고 싶을 정도였다. 마천루보다 오히려 이쪽이 뉴욕의 부를 상징하는 것처럼 생각된다.

"일본은 왜 이런 거리를 조성하지 못하는 걸까요."

편집자가 투덜거린다.

"바보들이 도시 한복판에서 마당 딸린 단독 주택을 원하기 때문이겠지."

"하긴 토지 신앙이 뿌리 깊으니까요."

농경민족, 엿 먹어라, 다.

스트로베리 필즈는 센트럴 파크 서쪽 가운데쯤에 있었다. 'IMAGINE'이라고 글자가 새겨진 플레이트가 박혀 있다. 엄숙한 장소일 줄 알았는데 웬걸, 노숙자들의 전당이었다.

"오쿠다 선생님, 말씀하신 거랑 좀 다른 것 같은데요."

편집자가 미간을 찌푸린다.

"현실이란 게 그렇지, 뭐."

"굉장히 담담하시네요."

흑인 노숙자가 담배를 청하는 바람에 편집자, 놀라고 어이없다는 표정으로 담배를 뽑아 내민다.

"가자고, 그만. 이런 거 다 상업주의의 산물이야. 사이타마에 있는 존 레넌 박물관과 다를 바 없군. 그저 억지로 갖다 붙인 거지 뭐야."

재빨리 그 자리를 뜬다. 단지 존의 산책 코스였을 뿐이다.

공원에서 나와 횡단보도 앞에 섰다. 바로 앞에 다코타 하우스가 있다.

장소야 진즉에 알고 있었다. 일본 시간 1980년 12월 9일 이후 뉴욕의 지도를 펼쳐 놓고 위치를 거듭거듭 확인했다. 존이 요코와 살았던 아파트를.

장엄한 건물을 올려다보며 잠시 그대로 있었다. 하늘을 향해 솟아 있는 삼각 지붕, 중세를 연상케 하는 장식, 두툼한 벽에 안쪽으로 쑥 들어가 있는 위아래로 길쭉한 창.

존은 어느 방에 살았을까. 그 방에는 검은 업라이트 피아노가 있다. 존은 그 피아노 앞에 앉아 〈더블 판타지〉를 작곡했다.

세면대 위에는 커다란 타원형 거울이 있다. 존은 그 거울을 바라보며 수염을 깎았다. 평범한 T자형 면도칼로. 사진으로 보아 전부 알고 있다. 존이 지탕(Gitanes) 담배를 피웠다는 것도 안다.

횡단보도를 건너 아파트 앞까지 갔다. 북쪽에 입구가 있고, 도어맨이 서 있다.

발밑을 내려다본다. 존이 저격당한 곳은 아마도 여기일 것이다. 저녁의 일과인 산책을 끝내고 돌아오는 길이었다. 스물다섯 살 청년 마크 채프먼이 말을 걸었다. 돌아보는 순간…….

소설가는 착잡해졌다. 몸을 구부려 콘크리트 보도를 손으로 만져 본다. 가을의 부드러운 차가움이 느껴진다.

이곳에 오길 잘했다. 소원이 이루어졌다.

"오쿠다 선생님, 정말 굉장합니다. 좀 더 이쪽으로 와 보시죠."

흥분한 편집자가 손짓한다. 편집자는 난간 사이로 얼굴을 내밀고 아래를 내려다보고 있었다.

"난 여기서 봐도 충분해. 보험도 안 들었으면서 어쩌려고."

소설가는 세 걸음 정도 물러난 위치에 있다.

"고소 공포증입니까?"

"그렇지는 않을 텐데 86층이다 보니 좀 어질어질하군. 지붕이 없어서 불안하기도 하고."

엠파이어 스테이트 빌딩의 전망대에는 강풍이 몰아치고 있었다. 파카를 입었더라면 바람에 부풀어 연처럼 하늘로 떠올랐을 것 같다.

"아래만 보지 않으면 괜찮아요. 시선을 45도 정도로만 유지하면."

"그럼, 어디 한 번."

오호라, 잠정 조치로는 유효하다. 조심조심 앞으로 나아가니 눈앞에 맨해튼의 야경이 펼쳐진다. 수만 개의 오렌지색 불빛이 반짝반짝 빛나고 있다. 하얀 기둥처럼 하늘로 뻗어 있는 것은 타임스 스퀘어의 불빛이다. 와우, 판타스틱!

이 아름다운 광경을 뭐라 표현하면 좋을지.

"저기가 매디슨 스퀘어 가든입니다."

사진가가 손가락으로 가리켰다.

"오! 록의 전당 매디슨 스퀘어 가든! 레드 제플린! 방글라데시 콘서트! 엘비스 온 스테이지! 매디슨 가방!"

"오쿠다 선생님도 매디슨 가방(1960년대 후반부터 1970년대까지 일본에서 대유행했던 ACE 사의 스포츠 백으로 'MADISON SQUARE GARDEN SPORTSMAN CLUB BOXING WRESTLING FOOTBALL'이라는 글자가 인쇄되어 있어 이런 별명이 붙었다. 10년간 2천만 개가 팔릴 정도로 선풍적인 인기를 끌었다—옮긴이)이 있었습니까?"

"부끄럽지만 고등학교 시절에. 난 그 세대 사람이야."

크라이슬러 빌딩의 비늘 모양 첨탑이 은색으로 빛나고 있다. 브루클린 브리지는 빛의 곡선을 그리고 있다. 바다에는 수많은 배가 빛을 뿌리며 떠 있다.

"뉴욕!"

소설가가 들뜬 목소리로 말했다.

"갑자기 흥분하셨나 봅니다."

"난 말이지, 자연의 아름다움보다는 인공의 아름다움이 더 좋아. 스타디움, 마천루, 고급 아파트, 그런 것에 감동하지. 인간이란 정말 대단하다고, 나도 그 일원이라고 자부할 수 있잖아. 뉴욕은 그런 인공의 아름다움을 오래된 것부터 새로운 것까지 다 갖추고 있어. 그러니 멋진 거지."

"그렇게 생각하셨다니, 그럼 원고를……."

"아, 알았어. 돌아가면 열심히 쓰지."

"넷, 정말입니까?"

편집자의 얼굴에 화색이 돈다.

"내가 거짓말을 한 적이…… 음, 있군."

"아주 많죠."

"뉴욕!"

"딴청 부리지 마십시오."

"쓴다고, 써, 써."

소설가는 정말 쓰겠다고 생각한다. 이 도시에서 기운을 얻었으니까.

좀 미심쩍은가.

아무튼. 다시 한 번 뉴욕!

야구를 부탁해

"라쿠텐, 오늘 이길까요?"

내가 물었다.

"글쎄요. 또 지지 않을까요, 하하하."

한신 팬 같은 말을 하면서도 운전사는 유쾌한 표정이다.

겨우 내리막길에서 벗어나자 주택가의 지붕 너머로 어둠을

밀어내듯 우뚝 솟아 있는 스타디움의 조명탑이 나타났다.

저곳이 바로 센다이 시민들의 '필드 오브 드림'이다.

2005년 4월 1일 금요일 오후 5시 반. 센다이 역에서 동쪽으로 뻗어 있는 미야기노 대로는 때 아닌 심한 정체 현상을 보였다. 차량의 빨간 꼬리등이 저 멀리까지 이어졌다. 경사가 완만한 내리막길을 물들인 그 빨간 흐름이 마치 이와쿠마 히사시가 던지는 커브의 궤도 같다. 차갑고 맑은 공기 속에서 선명하게 빛나는 커브. 맑게 갠 하루가 저물어 간다.

"이 시간대면 늘 이렇게 붐비나요?"

택시 운전사에게 물어보았다.

"웬걸요. 이런 경우는 거의 없지요."

머리가 희끗희끗한 아저씨가 간략하게, 그러나 아주 기분좋게 대답한다. 롯데 오리온즈의 본거지가 센다이였을 때도 현에서 운영하는 구장으로 향하는 이 도로가 오늘처럼 붐비는 일은 없었을 것이다.

도쿄 구장의 폐쇄와 함께 홈구장을 잃은 롯데는 1973년부터 1977년까지 센다이를 본거지로 삼았다. 그 기간이 짧게 끝난 것은 물론 관중이 없어서였지만, 책임의 대부분은 롯데에게 있다. 말이 본거지지 센다이에서는 1년에 30경기 정도만 개최했을 뿐, 나머지 반 이상은 고라쿠엔, 진구, 가와사키 같은 수도권의 구장을 빌려서 치렀다. 가장 치명적인 일은 롯데가 퍼시픽 리그를 제패한 1974년, 일본 시리즈의 대 주니치전을 고라쿠엔 구장에서 치렀다는 것이다. 당시 중학생이었던 나는 주니치 팬이어서 더욱이 잘 기억한다. 본처 취급을 받지 못한 센다이 시민들은 당연히 화를 내며 롯데를 경원했다. 롯데는 '주시juicy 구단'으로 불리며 그 어느 곳에서도 사랑받지 못했다.

잠깐 옆길로 새자. 작년의 프로야구 재편극에서 지바 롯데는 다이에 호크스와의 합병을 원했고, 본거지를 모회사의 사업에 도움이 되는 후쿠오카로 옮기려고 도모했다. 요컨대 예나 지금이나 이 구단 경영진에게는 '시민을 위한 팀'이라는 의식이 털끝만큼도 없는 것이다.

롯데가 고작 5년 만에 사라져 버리자, 인구 백만을 자랑하는 도시인데도 미야기 구장은 일개 지방 구장으로 전락했다. 수도권 팀의 전국 순례 행사로 1년에 고작 몇 번 공식전이 열리기는 했지만, 응원할 팀이 없는 야구 팬에게는 잠깐의 기분 전환에 지나지 않았다. 구단 유치 활동이 단속적으로 이루어지기는 했다. 하지만 결실은 없었다. 끝내 미야기 구장은 노후되어 '가장 허접한 프로야구 개최 구장'으로 유명세를 타게 되었다. 작년에는 공식전이 고작 3경기뿐이었다. 특별한 일이 없는 한 올해는 단 한 경기도 열리지 않을 가능성이 많았다. 작년까지만 해도 미야기 구장은 프로가 경기할 수 있는 장소가 아니었다. 아무리 좋게 봐주어도 그랬다.

그런데 올해, 새 프로야구 팀을 맞이해 새롭게 태어났다. 총 공사비 30억 엔을 투입하여 그라운드와 스탠드를 보수하고 스코어보드를 전광판으로 교체했다. '풀캐스트 스타디움 미야기'로 이름까지 새로 지었다. 센다이 시민은 "라쿠텐 고마워요"라고 하기에 앞서 "긴테쓰 고마워요"라고 해야 할 것이다. 이렇게 굴러 들어온 떡처럼 새 구단이 발족된 배경에는 긴테쓰의 역할이 있었기 때문이다(2004년 모기업이 긴테쓰의 운영을 포기하자 IT기업 라이브도어가 인수를 희망했으나 프로야구 구단주 회의의 반대로 무산되자 라이브도어는 센다이로 눈을 돌려 새로운 구단을 창설하고자 창단 신청서를 제출했다. 그러나 뒤늦게 라쿠텐이 여기에 뛰어들었고 구단주 회의는 라쿠텐의 손을 들어 줘 결국 센다이를 연고로 한 '라쿠텐 골든이글스'가 창설되었다—옮긴이). 긴테쓰는 구단의 유지가 버겁다고 우는소리를 했고, 이에 요미우리의 오너, IT계의 폼 잡기 좋아하는 사장이 붙었다. 이 세 요소가 합세하지 않았더라면 오늘의 미야기 구장은 없었을 것이다. 권력자들이 산 위에서 서로 빼앗으려고 싸우던 찹쌀떡이 데굴데굴 굴러서 산기슭에 있던 시민들의 손에 들어간 셈이다. 역사란 때로 권력자들의 어리석음 때문에 새로운 장을 맞기도 한다.

차는 좀처럼 움직이지 못했다. 매스컴에서 띄웠는지, 하늘에는 헬리콥터 몇 대가 선회하고 있다. 저 위쪽에서는 이 빛의 염주가 사뭇 아름답게 비칠 것이다.

나는 영화 〈꿈의 구장(Field of Dreams)〉의 마지막 장면을 떠올렸다. 사방에서 자동차들이 옥수수 밭 한가운데 자리 잡은 야구장으로 몰려오는 광경을 밤하늘에서 잡은 장면이다.

"그걸 만들면 그가 온다."

그런 하늘의 말을 듣고 주인공은 야구장을 지었다. 볼 파크에는 사람을 끌어당기는 마력이 있다.

"라쿠텐, 오늘 이길까요?"

내가 물었다.

"글쎄요. 또 지지 않을까요, 하하하."

한신 팬 같은 말을 하면서도 운전사는 유쾌한 표정이다.

겨우 내리막길에서 벗어나자 주택가의 지붕 너머로 어둠을 밀어내듯 우뚝 솟아 있는 스타디움의 조명탑이 나타났다. 저곳이 바로 센다이 시민들의 '필드 오브 드림'이다.

경기 시작 20분 전, 구장에 도착해서 우선 정면을 바라본다. 와우, 미국. 그것이 첫인상이었다. 네이밍 라이츠(naming rights)를 산 기업 'Fullcast'의 화려한 네온사인 간판이 다른 구장에서는 찾아볼 수 없는 오락적인 분위기를 자아낸다. 어딘지 모르게 유원지 같은 풍광이다. 딱딱하고 무미건조한 체육 시설이 많은 일본에서는 아주 획기적인 시도다. 아마도 마티 키너트(Marty Kuehnert. 라쿠텐 골든이글스의 초대 단장—옮긴이)의 아이디어일 것이다. 다만 도쿄 돔이나 진구 구장에 익숙한 탓인지 규모가 작아 보인다. 빌딩에 비유하자면 3층 정도. 쓱 올려다볼 수 있는 높이다. 언젠가 증축할 날을 기대한다.

안에서는 벌써 오프닝 세리머니가 시작되었는지 걸 그룹 모닝구무스메의 노랫소리가 들린다. 맨 파워, 맨 파워의 연호. 라쿠텐의 공식 응원가인 듯한데, 꽤 괜찮다고 하려니 입에 침이라도 발라야 할 것 같다. 듣고 있노라면 부끄러워진다. 한신의 〈롯코오로시〉를 제외하고 구단의 응원가는 하나같이 꽝이다. 작년 다이에 호크스가 리그 1위로 결정되었을 때, 이웃에 있는 대형 슈퍼 자스코에서 아침부터 밤까지 호크스의 응원가가 흘러나와 그만 기겁을 하고 말았다. 우리 주니치의 〈타올라라 드래건〉도 영 촌스럽다. 그냥 있는 노래로 해도 되지 않나요. 요코하마 베이스타즈는 〈멋대로 신드바드〉, 라쿠텐 이글스는 〈아오바성 사랑노래〉 정도로 좋지 않을까요.

구장으로 들어가기 전에 한 바퀴 돌아본다. 도시락 포장마차가 구장 주위를 빙 두르고 있어서 축제 분위기다. 손님을 부르는 젊은이들도 활기차다. 아마도 구장 내부에 공간이 부족해서일 테지만, 꽤 멋진 연출이다. 축제 날의 분위기에 일조하고 있다. 명물 우설(미국의 광우병 소동 때문에 수입 쇠고기라는 사실이 드러나고 말았다)을 파는 포장마차도 있다. 구경이나 하자 싶어 여기저기 기웃거린다. 하나같이 맛있어 보인다. 그럭저럭 20여 년 전, 요코하마 스타디움에서 산 장어 도시락에 사방 5센티미터짜리 장어밖에 들어 있지 않아 포장마차 아저씨와 싸웠던 기억이 난다. 그 당시와 비교하면 격세지감이 느껴진다. 구장의 도시락 장수들이 완전히 마음을 바꿔 먹은 모양이다.

3루 쪽 벤치 뒤에는 바깥쪽이 유리로 된 불펜이 있었다. 연습 광경을 공개하겠다는 뜻이다. 정말 좋은 아이디어. 감격했다. 지금 일본은 세이부 돔과 진구 구장 정도에서나 불펜을 볼 수 있다. 메이저 리그에서는 불펜을 보여 주려고 '불펜 카페'를 설치하는 구장도 있는데. 일본도 쩨쩨하게 굴지 말고 속 시원히 보여 주면 좋을 것을.

드디어 입장. 게이트에서 일회용 손난로와 연지색 비닐

판초를 받았다. 손난로라. 정말 고맙다. 사실 뭘 입고 올까 망설이던 끝에 늦가을 날씨를 상정하고 옷을 골랐다. 혼자서만 요란하게 두꺼운 옷을 입으면 너무 튈 것 같아서였다.

그런데 이곳에 도착하자마자 후회했다. 해가 지면서 온몸으로 파고드는 차가운 기운이 도쿄와는 비교가 되지 않는다. 바깥에 5분 정도만 있어도 벌벌 떨린다. 우습게 여긴 것이다, 센다이의 4월을. 관중들 대부분이 스키장에라도 온 듯 중무장을 하고 있다. 튀지 않으려고 가볍게 입은 것이 오히려 튀는 결과를 낳고 말았다. 이렇게 된 바에야 젊은 척하는 수밖에 없다. 나, 하나도 안 추워요. 아니다, 정말 춥다.

계단을 올라가 스탠드로 들어섰다. 와우, 눈앞에 펼쳐지는 빨강과 파랑의 세상. 그라운드는 새파란 인공 잔디, 스탠드에는 연지색 판초를 입은 관중들. 처음 인공 잔디라는 말을 들었을 때는 '천연 잔디로 했어야지' 하고 생각했는데, 줄기가 긴 최신 인공 잔디도 그리 나쁘지 않다. 자연스럽고 무척 부드러워 보인다.

내 자리는 백네트 뒤편의 예약석이다. 앞에서 28번째 줄. 음, 제법 좋은 위치인데. 스탠드의 경사 때문에 타석이 바로 눈앞에 보인다.

티켓은 지정석, 자유석을 불문하고 개막전 3경기 모두 매진이라고 들었다. 덕분에 표를 구하느라 편집부가 몹시 고

생했다고 한다. 덜 팔린 연간 예약석을 30% 할인해서 8만 엔에 샀다나. 총 20경기를 관전할 수 있다(한 시합에 4천 엔꼴이니까 양심적인 가격이다). 돈이 든답니다, 이런 기획. 이라부 시리즈가 대박이 났으니까 편집부도 크게 쓰는 것이다.

빨간 시트에 앉는데 선수 소개가 시작되었다. 라쿠텐의 선수 이름이 호명될 때마다 스탠드에서는 함성이 터져 나온다. 반면 세이부 라이온스의 선수들에게는 그저 짝짝짝 박수 소리만. 그래서 알았다. 이 구장에는 원정 온 응원단이 거의 없다. 보통 3루 쪽에는 홈구장 응원단이, 1루 쪽에는 원정 응원단이 자리를 잡는데, 여기는 외야석까지 빨간색 하나로 통일되어 있다. 망원경으로 보아야 겨우 십여 명의 세이부 응원단을 찾을 수 있다. 생각해 보면 이것이 프랜차이즈 제도의 바람직한 존재 양식이 아닐까 싶다. 진구 구장 같은 곳은 때로 한신이나 주니치의 팬이 야쿠르트 팬보다 더 많은 경우가 있다. 각 구단이 전국구의 인기를 지향한 결과 나타난 기현상이다. 하지만 이는 프랜차이즈 정신에 맞지 않다. 지역 팀을 갖게 된 도호쿠 지방에 이제 다른 구단의 팬은 필요 없다.

오후 6시 10분, 경기에 앞서 시구식이 행해졌다. 마운드에 남자 중학생 하나와 여자 초등학생 두 명이 섰다.

"응모자 3백 명 가운데 추첨으로 뽑았습니다."

그런 안내 방송이 흘러나온다. 고작 3백 명? 센다이의 정보망에 문제 있는 거 아닙니까.

에스코트 역으로 라쿠텐의 미키야 사장이 등장했다. 또다시 우레 같은 함성. 좋겠습니다, 나이 마흔에 프로야구 팀 오너가 되었으니. 천하를 얻은 기분일까요. 이 말은 결코 비아냥거림이 아니다. 전 세계 어디를 가나 프로 팀의 오너는 사업에 크게 성공해서 배포가 두둑해진 인간이 '한탕 멋지게 써 보겠다'고 거금을 투자해서 얻는 위치다. 그러니 손이 크지 않을 수 없다. 다시 말해 짠돌이가 팀을 소유해서는 안 된다는 이야기다. 젊은 사업가께 바라건대 부디 숭고한 파트너십을 발휘해서 일부에 나도는 '미키야, 사실은 구두쇠'라는 평판을 박살내 버리길 바랍니다.

선수들이 필드로 흩어진 다음, 관중석에서 파도가 일었다. 그 물결이 외야 레프트 쪽에서 출발해 스탠드를 한 바퀴 돈다. 만석일 때만 볼 수 있는 구경거리다. 그리고, 투수가 마운드에 섰다. 긴테쓰를 뛰쳐나온 남성미 넘치는 '숲의 귀공자'(라고들 한다죠) 이와쿠마 히사시다. 이와쿠마는 개인적으로 별로 호감이 가지 않는 타입이지만(이중 포즈를 취하는 투수는 다 싫다. 룰 위반 아닌가) 일단 오늘은 응원해 주기로 한다. 지금까지 라쿠텐은 1승 4패. 그것도 이번 시즌에 '백

패는 달성하지 않을까' 하는 사람들의 기대에 부응이라도 하듯 타의 추종을 불허하는 완패 행진이다.

경기가 시작되었다. 와, 와, 함성이 터져 나올 줄 알았는데, 예상외로 별 반응이 없다. 이와쿠마가 빠른 템포로 던지고 타자는 속절없이 아웃당하는 가운데 관중석은 유난히 적막에 싸여 있다. 세이부 응원단의 수가 많지 않은 데다 소음을 내는 악기의 사용이 금지되어 있기 때문에 오로지 관중의 목소리뿐이다. 그리고 스탠드 전체가 묘하게 경직되어 있다. 투수가 첫 대면이라 아직은 서먹해하는 느낌이다.

1회 말, 라쿠텐의 공격으로 1번 타자 이소베 고이치가 타석에 섰는데도 스탠드는 적막강산이다. 주장 이소베는 시즌 개막 후 17타석 노 안타. 그가 만일 나의 주니치 소속이었더라면 사정없이 야유를 보냈을 것이다. 한신 선수 같으면 밤거리를 걷다가 팬에게 두들겨 맞았을지도 모른다. 그런데 여기서는 아무도 야유 한마디 던지지 않는다. 아마도 아직은 낯이 선 것이겠지. 막 이곳 땅을 밟은 선수에게 "바보, 멍청이"라는 욕지거리는 할 수 없을 것이다. 그러기까지는 다소 시간이 필요할 것 같다. 라쿠텐의 선수도 거침없는 야유와 욕설이 터져 나올 때 비로소 이 지역에 뿌리를 내렸다고 생각할 수 있을 것이다.

그런 생각을 하고 있는데, 17연속 물방망이였던 이소베가 갑자기 홈런을 날렸다. 백스크린을 향해 일직선으로 날아가는 공. 스탠드에서 얌전하게 관전하던 관중들 모두 일어서서 주먹을 흔들며 환호한다. 2만 3천의 웃음 띤 얼굴. 별 관계 없는 나도 기쁘다. 이소베는 힘차게 다이아몬드를 한 바퀴 돌더니 홈 베이스를 밟고 백네트 뒤편을 향해 승리의 포즈를 취했다.

잘했네, 이소베 군. 그 착한 성격에 얼마나 마음고생이 심했을까. 타율 3할에 20홈런의 괴력을 보여 주었던 작년처럼, 이 홈런을 계기로 마음껏 실력을 발휘해 주세요.

라쿠텐은 이소베의 홈런으로 마의 올가미를 벗어던졌는지, 이어지는 다카스도 안타, 가와구치는 볼넷을 골라 출루, 노 아웃에 주자 1, 2루다. 여기서 4번 타자 로페즈가 레프트 스탠드에 라이너로 꽂히는 3점 홈런을 날렸다. 다시금 스탠드는 축제 분위기.

어머, 이게 어떻게 된 일이죠? 신은 정말 대단한 시나리오 작가인가 보네요. 아무리 상대 투수 오카모토가 약체라지만, 본거지에 처음 선을 보이자마자 타선에 불이 붙었다.

결국 개막 이후 다섯 시합에서 5점밖에 챙기지 못했던 타선이 일거에 6점을 쓸어 담아, 라쿠텐은 1회에 승기를 잡는다. 소요 시간은 45분. 에, 이제 겨우 1회가 끝났는데?

사실 나는 이 시점에 너무 추워서 이미 퇴장하고 싶은 심정이었다. 호주머니 속의 라디오 중계에 따르면 경기 시작 시점에 섭씨 6.8도, 오늘 밤 안에 5도까지 내려갈 것이라고 한다. 5도, 그게 어느 정도의 기온인지 아십니까? 벚꽃의 벚 자도 나오지 않는 계절의 온도 아닌가요. 입김이 하얗다. 돌아가고 싶다. 아직 2회 초인데.

나는 손난로에 두 손을 비비면서 등을 잔뜩 움츠렸다. 신문지를 깔아 조금이라도 냉기를 막으려 해 봤지만 효과가 없다. 콘크리트 바닥의 냉기가 다리를 타고 온몸으로 올라온다.

라쿠텐은 3회에도 2점을 추가해 점수는 8 대 0. 콜드 게임으로 가는 건 어떨지요. 득점 차도 그렇고, 춥기도 하고, 콜드로 가죠. 안 될까요?

나의 바람은 오직 하나, 경기가 빨리 진행되는 것이었다. 관중들 다수가 나와 똑같은 생각일 것이다. 뒷자리의 아저씨가 열심히 공을 커트해서 파울을 만들어 내는 세이부의 와다에게 "추우니까 빨리빨리 해!"라고 외치자, 주위 사람들이 반갑게 호응한다.

그런데 이런 날씨에도 스탠드에 맥주를 파는 아가씨가 있다니 믿을 수 없었다.

"맥주, 맥주 있어요."

게다가 아가씨, 미니스커트에 양말도 신지 않았다. 당연히 사는 사람도 거의 없다. 미키야 사장, 따끈한 단팥죽을 팔아야죠. 4월의 나이트 게임 아닙니까. 머리가 그렇게 안 돌아가니 주가가 떨어지죠.

투수가 1루에 견제구를 던지는 것만 보아도 화가 치민다. 빨리하라니까! 괜히 죄 없는 선수를 나무란다.

그런데 하필 이럴 때 구심이 파울 볼에 손가락을 맞아 경기가 중단되었다.

"지금 심판이 치료를 받는 중입니다. 잠시만 기다려 주십시오."

방송이 흘러나오자 스탠드 여기저기서 한숨 소리가 터져 나온다. 어느 놈이야. 그깟 상처쯤은 참아야지(다음다음 날 스포츠 신문을 보니 골절상이었답니다. 죄송합니다).

곰곰 생각해 보니, 이 구장에서 가장 추운 사람은 심판이다. 선수는 벤치에서 스토브를 쬐니까 괜찮겠지만, 심판은 그 차림으로 한시도 쉬지 못한 채 그라운드에 서 있어야 한다.

옆 자리의 젊은이가 매점에서 쇠고기덮밥을 사다 먹는다. 김이 무럭무럭 나는 게 정말 맛있어 보였다. 나도 먹을까? 아니지, 경기가 끝나면 편집자들과 같이 식사하기로 약속했잖아. '혼자 저녁 먹기 외롭다.'면서 내가 억지로 불러낸 것이다. 슬슬 그들이 호텔에 도착할 시간이다.

옆 자리의 젊은이, 정말 호쾌하게 먹는다. 좋겠다. 맛있겠어.

마침내 더는 참을 수 없어 자리에서 일어섰다. 커피라도 좋으니, 위장에 따스한 기운을 주고 싶다.

벌벌 떨면서 계단을 내려가 뒤편에 있는 매점으로 가 보니 사람들이 장사진을 치고 있다. 으음, 줄을 서야 하나 말아야 하나. 어쨌든 따뜻한 뭔가를 먹고 싶다.

피자 가게 앞에 줄을 섰다. 메뉴판에 '콘 크림 수프'가 있어서였다. 오오, 수프. 지옥에서 부처님이라도 만난 기분이다.

십 분 정도 지나 내 차례가 왔다.

"콘 수프 주세요."

"아, 죄송합니다. 다 나가고 없는데요."

여자 점원이 미안한 표정으로 말한다.

아아, 요 몇 년 새에 최고의 낙담이다. 어이, 미키야 사장(반말이면 어때), 피자 가게 좀 혼내 줘. 이런 날 식품을 넉넉히 반입해야지. 생각이 그렇게 짧아서야.

할 수 없이 커피를 산다. 내친김에 옆 가게로 가서 라쿠텐 컬러의 플리스 무릎 담요를 2천 엔에 구입.

좌석으로 돌아와 담요를 무릎에 덮고 커피를 홀짝홀짝 마신다. 하아. 딱 5분 동안만 살 것 같았다.

경기는 4회에 세이부가 반격에 들어가서 4점을 올렸다. 이와쿠마가 갑자기 무너진 것이다. 이 추위 속에서 오랜 공격 시간에다 경기 중단까지 겹쳤으니 어깨에 무리가 갈 만도 하다. 센다이의 4월 초는 투수에게 큰 부담이 아닐 수 없다.

보다 못한 외야석 관중들이 '이와쿠마'를 외치기 시작했다. 그 외침이 스탠드 전체로 퍼져 나가 2만의 대합창으로 변한다. 오오, 살짝 감동. 센다이의 팬들은 따뜻하다. 이와쿠마는 그 회를 겨우 넘기고 성원을 받으며 마운드를 내려왔다.

5회에 들어서자 기온이 더 내려갔다. 바람까지 분다. 풍속 몇 미터 정도는 아니지만, 산들바람만 불어도 뼛속까지 시리다. 예전에 허리가 안 좋은 친구 하나가 '바람만 불어도 아프다'고 했는데, 그 기분을 이제야 알 것 같다. 공기야, 제발 움직이지 마라. 오늘 밤은 그렇게 기도하고 싶은 심정이다.

앞자리의 가족 네 명이 일찌감치 자리에서 일어선다. 어린아이가 둘이나 있으니 어쩔 수 없을 것이다. "그래도 봤으니까 다행이지." "빨리 가서 피자 먹을까?" 그런 말이 들린다.

나도 가고 싶다. 춥다. 배도 고프고.

그렇지만 '관전기'라는 타이틀을 걸어 놓고 5회도 끝나지 않았는데 돌아갈 수는 없다. 편집부가 8만 엔이나 하는 티켓을 사 줬는데, 여기서 돌아가면 미안하다. 게다가 원고도 써야 한다.

아아, 내 잘못이다. 이런 기획에 덜컥 말려드는 게 아니었다. 아니죠, 실은 이 기획, 제가 제안한 겁니다.

노숙자는 정말 힘들겠다. 추위에 몸을 웅크리고서 그런 생각을 한다. 이유는 알 수 없지만, 나는 '언젠가는 노숙자가 될지도 모른다'는 강박 관념에 사로잡혀 있는 인간이다.

지금부터 연습이나 해 둘까. 아니다, 소설을 쓰는 동안에는 괜찮을 거다. 그런 말도 안 되는 자문자답을 해 본다.

5회가 끝나자 '도호쿠 에인절스'라는 치어걸들이 활기찬 모습으로 등장, 그라운드에서 춤을 춘다. 배꼽을 드러낸 미니스커트 차림. 춥겠다. 뉴스에서 보았는데 저들 중에는 마흔다섯 살 된 주부도 있다고 한다. 나랑 같은 나이 아닌가. 정말 대단하다. 나라는 인간은 실내에서 트위스트 스테퍼 위를 걷는 운동도 작심삼일에 그쳤는데.

6회 말, 다시 라쿠텐의 맹공이 시작되었다. 세이부의 세 번째 투수 쇼쓰 에이지가 그대로 무너지고 만다. 노 아웃에 만루, 거기서 다시 동네북처럼 두들겨 맞는다. 그러는 동안 감독과 코치는 물론 내야수도 마운드로 올라가지 않는다. 추우니까요. 쇼쓰는 전 주니치 선수다. 정말 안됐다. 동정이

간다.

 라디오에서는 오늘 밤 센트럴 리그 개막전, 자이언츠 대 히로시마전이 끝났다고 전한다. 좋겠다. 두 시간 반 만에 끝났단 말이지. 여기는 아직 삼분의 일도 안 끝났는데. 이어서 주니치 대 요코하마전도 종료. 주니치가 끝내기 승이라니, 와우! 혼자서 손가락으로 브이 자를 그린다.

 자네들도 좀 빨리하라고. 또 혼잣말을 중얼거린다. 쇼쓰가 1루에 견제구를 던지자 1루수 가브렐라가 주자에게 터치도 하지 않고 투수에게 되던졌다. 선수도 의욕이 없다.

 야구에 항복 선언은 없습니까. 이제 그만 해도 되잖습니까. 라쿠텐, 몇 점이나 딸 생각이야, 벌써 15 대 4라고. 이소베, 때는 이때다 하고 또 3루타. 적당히 하라니까. 경기는 내일도 있는데, 힘을 아껴야지. 내일은 에이스 마쓰자카를 대적해야 하잖아.

 7회 초, 휴대 전화가 울렸다. 분게이슌쥬의 Y씨.

 "지금 호텔에서 텔레비전 보고 있는데, 오쿠다 선생님, 안 추우세요?"

 "춥지. 추워 죽겠다고."

 이때 세이부의 나카지마가 홈런. 다이아몬드를 돈다.

 "어, 홈런이 나왔는데 너무 조용한데요."

 "관중의 99퍼센트가 라쿠텐 팬이니까."

그렇게 대답하면서 왠지 신선하다는 느낌이 들었다. 바람직한 프랜차이즈란 이래야 한다.

"근처 선술집을 예약해 두었으니까 언제든 오십시오."

"어, 그래도 되나? 그냥 가도 되는 거야?"

"되지 않을까요? 경기도 거의 끝난 거나 다름없는데. 끝까지 보실 생각입니까?"

"무슨 소리. 지금 가지."

편집자의 허락이 떨어졌으니, 나, 돌아갑니다.

하지만 여기까지 왔는데 그래도 7회 교대 시간에 벌어지는 제트 풍선 날리기는 보고 싶다. 치어걸들이 다시 등장, 공식 구단가 〈날아라 라쿠텐 이글스〉를 모두 함께 합창한다(역시 촌스럽더군요).

노래가 끝나자 노랑과 연지색 제트 풍선이 맑은 밤하늘로 둥실둥실 떠올랐다. 마치 까만 캔버스에 물감이 툭툭 떨어지는 것 같다.

관중이 환하게 웃으면서 하늘을 올려다본다. 모두 즐거워 보였다. 어깨를 끌어안은 커플, 아빠의 어깨에 목말을 탄 아이, 퇴근길에 들른 회사원들. 훈훈한 풍경이다. 오너석에서 미키야 사장도 감개무량한 표정으로 하늘을 올려다보고 있겠지요.

센다이에 프로야구 팀이 돌아왔습니다. 스탠드의 축제 분위기도 한껏 무르익었고요.

 구장에서 시내로 향하는 택시 안에서 운전사와 야구 이야기로 꽃을 피운다. 오늘은 이대로 이길 것 같다고 하자 택시 운전사가 쓴웃음을 지으면서도 유쾌한 투로 말한다.
 "내일은 마쓰자카가 등판하니 오늘은 꼭 이겨 둬야지요."
 "관중들이 앞으로도 풀 스타(풀캐스트 스타디엄) 미야기를 찾아 줄까요?"
 "6월 교류전 때까지는 그런대로 있겠죠. 하지만 그 후에는 과연 어떨지······. 플레이오프에 진출할 가능성이 보이면 응원도 할 테지만, 계속 최하위를 고수한다면 누가 구장에 가겠습니까."
 첫 시즌인데 최하위라는 말을 서슴없이 내뱉는 점, 한신 팬과 똑같다.
 "그래도 이소베가 홈런을 날려서 정말 다행이었어요. 세키가와나 이이다도 아직 가능성이 있을까요?"
 운전사 아저씨, 나를 야구통이라 여겼는지 라쿠텐 선수들 얘기를 쉬지 않고 엮어 낸다.
 지역 팀의 발족을 피부로 느끼는 사람은 역시 택시 운전사가 아닐까 싶다. 매일 수많은 손님들과 라쿠텐 이글스 얘기를 하니 말이다. 앞으로 지역 팀은 주민들과 희로애락을 함께하게 될 것이다.

밤 9시 반 술집에 도착. 분슌 편집자가 네 명이나 와 있어서 깜짝 놀랐다. 각자 이런저런 구실을 둘러대고 센다이 출장을 감행한 듯하다.

아무튼 따뜻한 것부터. 따끈하게 데운 소주와 끓인 두부를 시켰다. 홍살치 숯불구이, 술에 찐 굴, 훈제 토종닭.

건배. 후우. 소주가 배 속으로 스며든다. 몸이 얼마나 차가웠는지 새삼 느낀다.

"텔레비전으로 보는데, 정말 추운 것 같더라고요."

Y씨가 말한다.

"스와 호수에서 빙어 낚을 때도 추웠지만, 그 후로 이렇게 춥기는 처음이야."

나는 그렇게 대답해 주었다. 체감 온도는 실제로 그랬다.

오늘 밤 같은 날씨에는 관전도 세 시간이 한계다. 라쿠텐이 해야 할 4월의 팬 서비스는 최대한 경기를 빨리 진행하는 것이다. 타자가 타석을 잠깐만 비워도 '빨리하지 못해!' 하고 관중이 내심 짜증 낸다는 사실을 잊지 말도록.

겨우 몸이 따뜻해졌다. 2차는 노래하는 술집으로. 거기에서도 라쿠텐이 화제였다.

"라쿠텐, 이 지역 사람들이 반가워하나?"

"글쎄요. 사람마다 다르겠죠."

마담이 쿨하게 대답한다.

"여기 상점가 사람들이 라쿠텐 응원에 힘을 보태고 싶다고 구단 사무실에 연락을 했는데, 아무 반응이 없더래요. 그런데 대형 슈퍼의 제휴 제안에는 담당자가 바로 달려왔다던데요."

흠. 만약 그게 사실이라면 괘씸하다.

사실 관계를 확인해 보지 않았으니 어쩌면 사실과 다를 수도 있겠지. 하지만 라쿠텐 관계자는 이런 소문이 거리에 나돈다는 사실을 인지해야 할 것이다. 안 그래도 라쿠텐은 처음 손을 든 라이브도어를 제치고 센다이에 입성했다. 내가 느끼기에 센다이 사람들은 패자를 동정하는 기질이 있는 것 같다.

밤 1시 반까지 마시고 헤어졌다. 가게를 나서니 밤하늘에 별이 아름답게 빛나고 있다. 오, 도쿄와는 빛이 다르다. 잠시 황홀해졌다. 일기 예보에서는 내일도 쾌청이란다.

4월 2일, 토요일. 9시에 일어나자마자 지역 신문을 펼친다. 1면은 당연히 라쿠텐의 지역 첫 승리를 대문짝만하게 다뤘다. 그 외에도 스포츠면, 사회면 등 7면에 걸쳐 대대적으로 보도했다.

'너무도 기쁜 나머지 얼굴도 모르는 옆 사람과 같이 만세를 불렀다. 이것이 야구를 관전하는 참맛이 아닐까.'라는 회사원의 발언이 나를 흐뭇하게 한다. 나도 진구의 주니치전에 갈 때마다 동지가 그렇게 많다는 사실에 큰 힘을 얻고 돌아온다. 스포츠 응원은 사람과 사람을 쉽게 연결해 준다.

어젯밤 경기의 관중 수가 실려 있었다. 1만 7,836명이라는 게 좀 의외였다. 2만 3천을 수용하는 스탠드가 꽉 차게 보였는데. 하나, 사실이란 이런 것이다. 부풀려 보도하지 않는 자세가 오히려 훌륭하다.

퍼시픽 리그의 순위표를 본다.

①소프트뱅크 ②롯데 ③세이부 ④니혼햄 ⑤라쿠텐 ⑥오릭스.

흐음. 이건 좀 그렇다. 기업 이름이 앞머리에 있는 거 말이다. 나는 아무리 애를 써도 퍼시픽 리그의 구단 명칭이 귀에 익지 않는다. 센트럴 리그의 경우, 한신과 주니치는 완전히 지역 기업이라 그리 거부감이 없다. 요코하마와 히로시마는 도시 이름이라 이상적이고, 자이언츠는 이름은 싫지만 그런대로 정착되었다. 모회사의 광고 냄새를 풍기는 경우는 야쿠르트뿐이다. 그에 비하면 퍼시픽 리그는 모두 기업 명칭을 팬에게 세뇌한다. 센다이 시민은 '이글스'는 응원하더라도 '라쿠텐' 따위는 사실 아무래도 상관없을 것이다.

팀 명칭이 결정되었을 때 다오 감독은 기자 회견에서 '가능하면 기업 명칭을 제외했으면 싶었다.'라고 소신 있게 발언했다. 다방면에서 그 발언을 지지하는 목소리가 나올 줄 알았는데, 대부분의 매스컴은 듣지 못한 척 싹 무시했다. '경사에 찬물을 뿌리는 발언'으로 매장당하고 만 것이다.

손 사장과 미키야 사장이 좀 더 넓은 도량을 보여 주었으면 했다. '후쿠오카 호크스'와 '도호쿠 이글스', 이런 이름이었더라면 지역 주민도 기뻐했을 것이고 퍼시픽 리그의 다른 팀도 당황했을 것이다.

룸서비스로 아침을 먹으면서 이리저리 채널을 돌려 가며 아침 뉴스를 보았다.

온 방송이 라쿠텐의 홈구장 개막전 소식을 앞 다투어 다루고 있다.

주니치의 끝내기 승 장면을 본다. 우리의 드래건스는 올해도 쾌조의 출발을 보여 주었다.

오늘은 주간 경기라서 점심나절에 호텔을 나섰다. 택시 운전사와 또 야구 환담.

"아까는 니우라(新浦壽夫. 한국계 일본인 투수 출신으로 당시는 해설 위원으로 활약하고 있었다 — 옮긴이) 씨를 구장까지 태워 줬지요."

운전사 양반이 자랑스럽게 말한다.

토요일이라 그런지 구장 주변에 유니폼 차림의 아이들이 많다. 소년 야구 팀 여럿이 단체로 관전을 온 듯하다.

여기까지 온 김에 라쿠텐의 야구 모자를 사기로 했다. 디자인이 세련되어 마음에 들기 때문이다. 매장으로 가긴 했는데 아줌마들이 새치기를 하는 바람에 도무지 살 수가 없다. 센다이 사람들은 줄도 안 서나? 살짝 짜증이 난다.

편집자 세 명, 카메라맨 한 명과 함께 오늘은 외야 잔디석에 자리를 잡는다. '라쿠텐 산'이라 불리는 외야석은 흙을 쌓아 올린 야트막한 언덕이다.

적당한 경사지를 찾아 비닐 시트를 깐다. 한낮의 햇살이 좋아 맥주를 마신다. 꿀꺽. 역시 야구는 맥주를 마시며 구경해야 제 맛이 난다. 푸른 하늘과 태양, 잔디와 도시락. 완전 소풍 기분이다.

외야에서 새삼 구장을 내려다보니 역시 작다는 인상이 강하다. 미국의 마이너 리그에서나 볼 수 있는 규모다. 물론 그렇기에 일체감도 있고, 관전하는 쪽도 분위기를 타기 쉽다. 좋은 구장이라 칭찬해 주고 싶다.

오후 1시, 경기가 시작되었다. 눈앞에 라쿠텐 응원단이 있다. 젊은이들이 열심히 응원 구호를 외치고 있다. 이곳의 응원에는 트럼펫이 없어서 정말 후련하다. 허용되는 악기는 북 하나뿐이다. 그래서 공을 치는 소리가 외야석까지 날아온다. 야유하는 목소리도 고스란히 들린다.

시끄러운 악기를 금지한 현명한 판단에는 찬사를 보낸다. 어제도 느꼈지만, 스타디움에서는 자연스럽게 터져 나오는 목소리 응원이 가장 아름답고 흥분된다.

홈구장 개막전 두 번째 경기의 선발은 라쿠텐이 후지사키 히로노리, 세이부가 마쓰자카 다이스케다. 후지사키? 누구지? 아, 그렇지. 라쿠텐이 시즌 개막 두 번째 경기에서 역사적인 대패(0 대 26)를 기록했을 당시의 장본인이다. 선수 도감을 조사해 보니 긴테쓰 시절 6년 동안 통산 1승을 거뒀고 나이는 스물네 살이다. 이런 선수밖에 없나? 하기야 없군요, 라쿠텐에는. 세키가와, 나카무라, 야마사키, 이 선수들은 주니치에서 떨려난 부류. 이이다, 가와모토, 기토, 이 선수들은 은퇴 연장 부류. 노무라 가쓰노리(野村克則. 아버지인 노무라 가쓰야 야쿠르트 감독의 3순위 지명으로 1995년 입단했으나 잦은 트레이드 끝에 2004년 자이언츠에서 전력 외 통고를 받고 현역 방출 위기에 놓이자 12구단 합동 트라이아웃에 참가했다. 여기서 라쿠텐 초대 감독 다오 야스시의 눈에 들어 이 당시 라쿠텐에 입단해 있던 상태—옮긴이)까지 있으니 할 말이 없다. 나가지마 가즈시게(長嶋一茂. 2004 아테네 올림픽 야구 감독이었던 나가지마 시게오의 아들로, 아버지가 감독으로 있는 자이언츠 팀에 입단했으나 성적부진과 거친 언행 등으로 물의를 일으켜 은퇴 후 현재는 영화배우로 활동하고 있다—옮긴이)까지 영입한다 해도 놀라울 게 없는 포진이다.

나는 선수 배분 문제에 대해서는 오릭스와 긴테쓰를 강력하게 비난하는 입장이다. 자기네들 사정 때문에 멋대로 합병해 놓고 주력 선수는 그대로 독차지하다니, 뻔뻔하기 짝이 없다. 라쿠텐은 그런 오릭스를 반드시 이겨 줬으면 한다. 또 텔레비전에서는 이 운명의 대결을 반드시 생중계해야 한다.

1회, 후지사키가 주자를 2루까지 보내기는 했지만 3번과 5번 타자를 삼진으로 잡아 간신히 0점을 지켰다.

"제법인데요. 1회는 버텼잖아요."

Y씨, 그렇게 실례되는 발언을 한다.

1회 말, 마쓰자카가 마운드에 섰다. 나는 마쓰자카의 경기 모습을 몇 번이나 실제로 본 적이 있지만 뒤쪽에서 비스듬한 각도로 보기는 처음이다. 망원경으로 들여다보니 정말 놀라웠다. 슬라이드가 제 속도를 유지한 채 자연스럽게 휘었다가 툭 떨어진다. 야, 저게 일본 최고 투수의 슬라이드인가. 편집자들에게도 망원경을 건네주었더니 모두들 놀란다. 입장료 1,000엔의 본전을 이미 뽑은 기분이다. 돈 잘 버는 프로 선수란 바로 이런 존재일 것이다.

그런데 그 마쓰자카가 선두 타자인 이소베에게 안타를 내주고 만다. 이소베의 출루로 스탠드는 벌써부터 들썩이기 시작했다. 후속 타자가 무너지기는 했지만, 어제의 기세가 그대로 오늘까지 이어지는 듯하다.

아가씨, 여기 맥주 추가요. 햇살이 좋아 금방 목이 탄다. 오늘은 맥주가 잘 팔릴 것 같다. 실적 배당제이다 보니 판매원들도 친절하다.

나는 잔디밭에 벌렁 누웠다. 라디오 생중계에서 들었는데, 원래 6천 명을 수용할 수 있는 외야 잔디석 입장권을 주간 경기에는 3천 매밖에 팔지 않는단다. 관중의 편안한 관전을 위해서라는데, 아주 바람직한 배려로군요. 흐음, 미키야, 훌륭해요.

눈을 감자 잠이 살살 내게 오라 손짓한다. 상쾌한 기분. 돔 구장에서는 절대 느낄 수 없는 쾌감이다. 꾸벅꾸벅 존다. 주니치전이 아니라서 태평한 것이다.

눈을 떠 보니, 3회 말에 주자가 2루에 있었다. 흐음, 마쓰자카를 상대로 잘 싸우고 있군요. 감격, 또 감격. 누군지 모를 선수가 우익수 쪽으로 적시타를 쳐서 1 대 0. 오, 라쿠텐이 점수를 먼저 올리다니.

그리고 주자 1, 3루 상태에서 상대 에러로 1점 추가. 다시

4번 로페즈가 슬라이더를 필사적으로 건져 올려 3 대 0.

"믿을 수가 없군요. 라쿠텐이 마쓰자카를 이기고 있어요."

편집자들, 불난 집이라도 구경하듯 그라운드를 바라보고 있다.

선발 후지사키는 4회에 이어 5회에도 삼자 범퇴, 점수를 내주지 않았다. 전혀 다른 선수 같군요. 이게 홈구장의 힘일까요.

이때부터 바람이 불기 시작해 슬슬 한기가 느껴졌다. 오후 3시가 넘자 기다렸다는 듯이 기온이 떨어진 것이다. 역시 봄은 아직 먼 북쪽 땅이다. 벚꽃이 피려면 2주일은 더 있어야 한다.

춥다. 빨리 좀 안 끝내나. 나는 어제처럼 손난로에 손을 비비면서 몸을 웅크렸다.

이럴 때일수록 경기는 유독 지지부진하다. 6회 초, 세이부가 페르난데스의 투런 홈런으로 일거에 2점을 따내더니 가브레라까지 안타를 쳐 후지사키를 마운드에서 끌어내렸다. 라쿠텐은 투수를 총동원, 한 투수 한 타자 죽이기 작전을 펼친다.

좀 빨리빨리 하라고. 투덜투덜. 주위에서도 잦은 투수 교체에 "또 바꿔." 하는 소리가 흘러나온다. 그러나 어제도 그랬지만, 노골적으로 야유하는 관중은 없다. 아직도 남인 것처럼 서먹서먹해서일 것이다. 팬이나 팀이나 역사가 이제 막 시작되었으니까.

나만 해도 이 경기가 만약 주니치전이었다면 거침없이 야유를 날렸을 것이다. 대놓고 인신공격도 했을 것이다. 선수보다 팬 쪽이 그 팀에 공들인 역사가 길기 때문에 그럴 수 있는 것이다. 나는 호시노와 기마타 다쓰히코의 배터리 시절부터 드래건스를 지켜봐 왔다. 그러니 내 눈에는 후쿠도메 게스케와 가와카미 겐신이 제아무리 스타플레이어라 해도 똘마니에 지나지 않는다. 그래서 "저런 바보." "대체 뭔 짓거리를 하고 있는 거야." 하고 마음껏 야유할 수 있다. 한신이나 히로시마, 자이언츠도 그렇다. 팬 쪽이 완벽하게 '주인'이다.

라쿠텐 이글스도 팬이 주인이 되려면 앞으로 한 20년은 걸릴 것이다. 앞을 길게 보고 느긋하게 지켜보는 자세가 필요하다. 그러자면 미키야 사장은 본업이 곤경에 처하더라도 이 팀을 존속시켜 책임을 다해야 할 것이다.

7회 초, 네 번째 투수 후쿠모리 가즈오가 가이즈카에게 한 방을 허용해 어이없게 동점을 허락하고 만다.

아아, 6회에서 1점 차를 지켜 내기에 급급하더니 결국은 이 꼴이다. 또다시 투수 교체. 바람이 점점 세게 분다.

어이, 다오 감독. 추워 죽겠다고. 벌써 세 시간이 넘었잖아.

이제 그만 돌아가고 싶지만, 동점인 상태에서 자리를 뜨자니 뒤가 켕긴다. 일단은 일이기도 하고.

잔디석 뒤쪽에서는 관전에 지친 아이들이 놀고 있다. 종이 상자를 썰매 삼아 잔디 썰매를 타고 언덕을 데굴데굴 구르면서 꺄아꺄아 재미있어하고 있다. 신나 보인다. 얘들아, 아저씨도 좀 끼워 줄래? 사실 그럴 기력도 없지만요.

지면에서 싸늘한 냉기가 올라와 부들부들 떨린다. 온몸을 잔뜩 웅크리고 관전한다. 따끈한 커피로 한기를 달래지만 오래가지 않는다. 이틀 연속 고행이다.

우, 춥다. 제발 연장전으로 가지 않기를. 돌아갈 구실이 필요하다.

그 바람이 통했는지, 8회 말 주자가 한 명 출루한 상태에서 로페즈와 요시오카가 연속 적시타. 드디어 해냈군요, 라쿠텐! 스탠드는 환희의 도가니. 나도 기쁘다. 이제야 자리를 뜰 수 있게 되었다.

그건 그렇고, 정말 대단하다. 최고의 에이스 마쓰자카에게서 5점이나 뽑아내다니. 도호쿠 복지대학 야구부보다 못하다고 평판이 자자한 라쿠텐 이글스, 거보세요, 하면 되잖습니까.

"이제 가도 괜찮겠지."

나는 편집자들에게 동의를 구한다.

"그럼요, 괜찮죠."

편집자들, 근거도 없이 고개를 끄덕인다.

괜찮겠죠. 아무리 고야마(라쿠텐의 구원 투수. 주니치 시절 8년 동안 겨우 4승에 그쳤다)라도 마지막 한 이닝 정도는 견뎌 줄 것이다.

"그럼, 그만 가지."

내가 말하자, 편집자들은 꽃이라도 핀 것처럼 환해진 표정으로 돌아갈 준비를 시작했다.

옷에 묻은 풀을 떨어내고 구장을 나선다. 밖에서는 아이들이 환성을 지르며 뛰어다니고 있었다. 이 구장은 입장권만 보여 주면 출입이 자유롭다. 가만히 앉아 있지 못하는 아이들에게는 최고의 놀이터인 셈이다.

볼 파크란 모름지기 이래야 한다. 이 나라의 프로야구는 언제부터인가 경제를 우선시한다. 각 대도시에 탄생한 돔 구장(경기의 흐름이 끊일 일이 없는)은 경기가 없을 때에는 콘서트와 전시회장으로 활용된다. 선수나 팬이나, 본의 아니게 야구장이 아니라 다목적 스타디움에 드나들게 되었다. 하지만 그곳은 야구에도 콘서트에도 걸맞지 않은 인공적인 공간일 뿐이다. 다목적이란 즉 무목적. 두 가지를 동시에 원하는 자는 결국 한 가지도 얻지 못한다.

풀캐스트 스타디움 미야기. 이 지방색 넘치는 볼 파크에는 좋은 점이 아주 많다. 선수가 가까이 보이고, 공을 치는 소리가 들리고, 바람이 분다. 그리고 이른 봄에는 아주 춥다. 모든 것이 자연적이어서 팬들도 필드를 뛰어다니는 선수들과 하나가 되어 뜨거워질 수 있다.

구장 정면 현관에서는 라쿠텐의 치어걸들이 손님을 배웅하고 있었다.

"또 오세요."

웃는 얼굴로 손을 흔들어 준다. 소 차밍. 오죠, 오고말고요. 주니치와 교류전이 있는 6월에는 꼭. 작년 센트럴 리그 챔피언이 한 수 가르쳐 드리죠.

파카를 세트로 갖춰 입은 구단 스태프들이 분주하게 오간다. 모두들 얼굴이 발그레 달아 있다. 홈구장에서의 첫 경기, 스탠드를 꽉 채운 관중이 지켜보는 가운데 2연승을 거두었다. 오늘 밤에는 모두들 축배를 들겠군요. 눈물을 머금는 사람도 있겠지요.

축하합니다. 앞으로도 야구를 잘 부탁해요. 센다이 이글스는 앞으로도 여러 번 고비를 맞을 테니까요.

스타디움의 함성과 술렁이는 소리가 여전히 들려온다.

"우설이라도 먹으러 갈까요?"

"우설이라, 좋지."

우리는 목도리를 두르고 구장을 떠났다.

아저씨,
록 페스티벌에 가다

시작부터 그루브의 향연.

그 사운드에 나에바의 밤공기가 물결친다.

나 역시 이목을 개의치 않고 흔들었다.

기타리스트가 된 기분으로 몸짓을 흉내 내기도 한다.

점점 기분이 고조된다. 이런 거 몇 년 만인지,

거의 기억에 없다. 체면을 중시하는 이 몸,

망아의 경지에 젖는 일이 좀처럼 없습니다.

그런 내가 소리를 지르고 머리를 격렬하게 흔들어 대고 있다.

1

 나는 줄곧 애타게 그려 왔다. 후지 록 페스티벌을.

 잡지에서 기사를 읽고서, 어느 산속 깊은 곳에서 해마다 신나는 페스티벌이 열린다는 것을 알고 있었다. 그 페스티벌의 출연자 일부가 아저씨 록 팬의 심금을 찡하게 울린다는 사실도. 존 메이올(John Mayall. 영국 출신 블루스 뮤지션으로 1933년생—옮긴이) 같은 아저씨의 이름이 젊은 뮤지션들 사이에 버젓이 올라 있을 정도니.

 처음 행동에 옮기려 했던 때는 2001년이었다. 닐 영이 후지 록 페스티벌에 참가한다는 것 아닌가. 게다가 같은 날에 패티 스미스(Patti Smith. 미국의 싱어송라이터. 펑크의 대모로 불린다—옮긴이)와 '핫하우스 플라워즈(Hothouse Flowers. 1988년 데뷔한 아일랜드 출신의 록 그룹—옮긴이)'까지 무대에 선다는 것 아닌가. 으윽, 가고 싶다. 가서 목이 터져라 노래하고 싶다.

 그런데, 아저씨의 엉덩이는 무거웠다. 록의 일선에서 이

아저씨, 록 페스티벌에 가다

미 물러난 몸이 신칸센을 타고 나에바(苗場)까지 갈 정열은 없다. 자기 나이의 절반밖에 안 되는 젊은이들 사이에 섞일 용기는 더욱이 없다.

닐 영. 뭐 전에 본 적도 있고, 언젠가는 또 올 테지. 나는 그렇게 자기변명을 하고서 행동에 옮기지 않았다.

그다음 내가 흥분한 것은 2003년이었다. 출연자 중에서 스티브 윈우드(Steve Winwood. 영국 출신의 록 보컬리스트이자 싱어송라이터로 1969년 에릭 클랩튼 등과 함께 Blind Faith라는 그룹을 결성해 활동하기도 했다 — 옮긴이)의 이름을 발견했기 때문이다. 그때는 솔직히 갈팡질팡했다.

으윽, 스티브 윈우드! 백인 보컬 중에서는 가장 좋아한다. 팬 경력 30년. 게다가 십몇 년 전 방일 공연을 놓치고 말았다.

가고 싶다. 명곡 〈Low Spark of High Heeled Boys〉를 라이브로 듣고 싶다고. 나는 손수건을 깨물며 홀로 몸부림쳤다.

왜 후지 록 페스티벌인 거야, 도쿄에서 하면 어때서. 그래 봐야 아무런 도움도 되지 않는데. 투덜 투덜 투덜.

아니지, 기다려. 도쿄에서도 틀림없이 공연을 할 거야. 그런 거물이 야외에서, 그것도 딱 한 번 무대에 서기 위해 일본까지 오다니, 너무 아깝잖아. 기다리면 틀림없이 추가 공연이 있을 거야.

그러나, 결국 없었다. 공연은 후지 록 페스티벌로 끝이었다.

나중에 잡지 기사를 읽어 보니, 스티브 윈우드의 무대는 손님이 그다지 많지 않았고, 앙코르 곡으로 〈Gimme Some Lovine〉을 불렀지만 젊은이들이 그 노래를 몰라 따라 부르는 소리가 거의 없었다고 한다.

아, 이 무슨 실례란 말인가. 그 코흘리개들, 예습 정도는 하고 갔어야지.

아아, 갈 걸 그랬다. 내가 그 자리에 있었다면 백 명분의 목소리를 내질렀을 텐데: 주춤거릴 때가 아니었는데. 나는 정작 가야 할 곳에 가지 못하고 말았다.

그런 사연이 있어 후지 록 페스티벌은 내게 일종의 허들이었다. 가고 싶지만 용기가 없다. 바라건대 내가 좋아하는 뮤지션은 안 왔으면 좋겠다, 그런 생각까지 했다. 아저씨는 인생에 매우 소극적이다.

그런데 올해는 무슨 바람이 불었는지 마음이 싹 바뀌었다. 나를 담당하는 편집자 중에 후지 록 페스티벌 단골이 두 명이나 있다는 것도 밝혀졌다. 둘 다 이십 대, 기운 펄펄한 현역 록 아가씨들이다.

"같이 가요. 얼마나 재미있는데요."

웃으면서 그렇게 말해 준 쪽은 신초샤(新潮社)의 F양이다.

"가게 되면 르포도 써 주세요. 쓰신다고 하면 제가 다 준비할게요."

대의명분을 내세워 등을 떠밀어 준 쪽은 슈에이샤(集英社)의 I양이다.

음, 그렇다면 가도 좋겠지, 흐흐흐. 나는 너그럽게 고개를 끄덕였다. 물론 마음속으로는 흑흑 감격의 눈물을 흘리고 있었다.

앗싸, 후지 록. 꿈의 록 페스티벌이다. 올해는 과연 누가 올까.

내가 올해는 후지 록에 간다고 여기저기 자랑을 늘어놓자, 각 출판사의 편집자들이 "저도요, 저도요." 하면서 손을 들고 나섰다. 그것도 절반이 중간 관리직 아저씨들이었다. 뭐야, 다들 가고 싶었단 말이야? 계기가 필요했던 게로군.

이리하여 아저씨, 후지 록 페스티벌에 가게 되었다. 때마침 태풍이 막 훑고 지나간 후. 여름의 태양이 록과 록을 사랑하는 자들을 축복하고 있었다.

2

올해로 아홉 번째를 맞는 후지 록 페스티벌은 출연하는

아티스트가 국내외를 합해 100명이 넘는 일본 최대 규모의 야외 음악제다. 페스티벌이 열리는 장소는 니가타 현 나에바 스키장. 7월 마지막 주에 사흘간의 일정으로 진행된다. 그런데 나에바에서 한다면서 왜 이름은 '후지'인지. 첫 회가 후지 산의 텐진다이라에서 열렸기 때문에 그 이름만 남은 것이다.

제1회 때는 태풍의 직격탄을 맞아 일정의 절반이 중지되는 사태가 빚어졌다. '사망자가 없었던 게 천만다행일 정도'라는 후일담까지 있었다. 자연의 무시무시함을 알게 된 주최자 스매시 코퍼레이션이 장소 물색에 시행착오를 거듭, 드디어 3회 때부터는 나에바에 안착하게 되었다. 그러니까 '후지'는 지명이 아니라 일본 최대의 록 페스티벌을 상징하는 기호인 셈이다.

하기야 "뭐, 나에바에서 한다고? 난 고텐바(御殿場. 후지 산 관광의 거점 도시―옮긴이)쯤에서 하는 줄로만 알았는데." 하는 아저씨들이 내 주위에 수두룩한 것으로 보아 널리 알려지려면 아직 시간이 더 필요할 것 같다. 아저씨들, 정보에는 어두우니까요.

7월 28일, 목요일. 이왕 가는 거 전야제도 구경하자고 I양과 의기투합해 오후 3시 도쿄발 조에쓰(上越) 신칸센에 몸을 실었다. 후지 록 페스티벌 참가자들로 보이는 젊은이들이 기차 안의 절반을 차지하고 있었다. 외국 사람들의 모습도 더러 보였다. 모두 동지라 생각하니 친근감이 마구마구 느껴진다.

I양과 맥주를 마시면서 어느 무대를 볼 것인지 검토한다. I양은 일본의 록 밴드 '삼보마스터'와 '소울 플라워 유니언'의 팬이란다. 누구야, 그게? 나는 전형적인 70년대 팝 세대 아저씨라서 최근의 일본 록 뮤직에 대해서는 거의 모른다. '구루리'와 '유즈'(둘 다 일본의 남성 2인조 보컬그룹—옮긴이)도 구별하지 못하는 문외한이다. 그 대신 젊은이들이 알 리 없는 '웨스트 로드 블루스 밴드' 같은 밴드는 친척이나 다름없다. 알겠어? 옛날에 야마기시 준시라는 뛰어난 기타리스트가 있었는데 말이지……. 이십 대 편집자와 사십 대 소설가가 잠시 정보를 교환한다. 이번 페스티벌에서 나의 목표는 '소울라이브(Soulive)'와 '비치 보이스'와 에디 리더(Eddi Reader), 그리고 '포그스(The Pogues)'다. '더 낵(The Knack)'(정말?)도 아저씨들이 봐 주지 않으면 가엾다.

에치고 유자와(越後湯沢) 역에서 내려 택시를 타고 페스티벌 현장에서 가장 가까운 숙소인 나에바 프린스 호텔로 향한다. 가는 도중, 골짜기의 양 비탈에 빼곡하게 쳐져 있는 알록달록한 텐트의 물결이 보였다. 와우. 마치 크리스토(christo. 공공장소나 공공건물 등을 거대한 규모로 포장하는 일명 대지 미술 작업으로 유명한 환경 미술가―옮긴이)의 포장 예술 같다. 텐트족의 후지 록은 벌써 시작되었나 봅니다.

호텔에 체크인. 우리는 방 두 개(트윈으로)를 확보했는데, 이는 인터넷으로 신청한 후에 추첨으로 결정되는 것으로 경쟁률이 상당히 높단다. 월요일까지 연속 4박을 해야만 방을 준다는데, 비즈니스호텔보다 좁은 트윈 룸에 나흘 밤을 묵는 가격이 10만 7,600엔. 게다가 숙박 기간 중에는 청소도 안 해 준단다. 아주 배짱이다. 심하네요, 프린스. 독점 상태다 보니 장사에도 호기를 부리나 봅니다.

짐을 풀고 호텔 뒤쪽에 있는 캠프촌(이용료 1인 2,500엔)으로 갔다. I양의 친구가 텐트족으로 와 있다기에 친히 진지 위문에 나선 것이다.

골프장을 개방해 조성한 캠프촌은 이미 만원이었다. 평평한 곳은 전부 선점되었고, 남은 데라고는 비탈진 곳뿐이다. I양의 친구들은 겨우 미끄러지지 않을 만한 비탈에 텐트를 쳐 놓았다. 자칫 잠투정이라도 했다가는 비탈 아래로 구를 것 같다.

"여기서 삼박이나 한다고?"

"자기만 할 거니까, 괜찮아요."

씩씩한 젊은이들이다.

풀밭에 앉아 캔 커피를 마시며 한숨 돌리고는 초록이 짙은 산을 바라보았다. 우리 주위로 젊은이들이 흥겨운 표정으로 오간다. 그런데 문신한 사람이 눈에 많이 띈다. 자유의 냄새가 풍풍 풍기는구나. 아저씨는 나 하나뿐. 이곳을 찾은 젊은이들은 후지 록을 값싸게 즐기려는 착한 보이스 & 걸스이리라. 나도 젊었다면 그랬을 것이다. 호텔에 묵으며 비싼 돈을 치르느니 CD를 사고 라이브에 가겠다고 생각했을 것이다.

호텔로 돌아왔더니 참가자의 한 명인 고분샤(光文社) T씨가 술을 짊어지고 찾아와 있다. 포그스의 공연을 꼭 보고 싶다는 그는 일러스트레이터 미우라 준과 밥 딜런을 추종하는 터프한 삼십 대 젊은 아저씨다. 참가자들은 각자 따로따로 나타났다가 또 뿔뿔이 돌아간다. 편집자들이 날짜를 맞춰 사흘이나 휴가를 낸다는 것은 거의 불가능한 일이기 때문이다.

우선은 배를 채워야겠다 싶어 셋이서 호텔 안에 있는 갈비 레스토랑에 갔다. 손님은 우리를 포함해서 두 테이블뿐. 맥주로 건배! 푸핫, 이런 것이야말로 올바른 여름휴가다.

"이번 페스티벌의 대단원은 원래 밥 딜런이 장식하기로 되어 있었다는군."

내가 관계자에게서 입수한 정보를 풀어놓았다. 그런데 막판에 무산되면서 급거 '프라이멀 스크림(Primal Scream. 스코틀랜드 출신의 5인조 록 밴드. 3집 앨범인 〈Screamadelica〉가 1997년 음악 전문지 『셀렉트』가 선정한 '1990년대의 가장 중요한 앨범 100선'에서 1위를 차지하는 등 록 역사에 한 획을 그은 그룹―옮긴이)'으로 교체된 것 같다.

"그랬어요?"

놀라는 T씨.

"에이. 왜 안 온 거야."

벌겋게 달아오른 얼굴로 갈비를 뜯는다.

후지 록 페스티벌의 티켓은 출연자가 결정되기 전부터 판매된다. 일단 사 놓고서 순차적으로 발표되는 출연자의 이름에 환호하거나 실망하는 시스템이다. 솔직히 이번 출연자 중에 아저씨 눈이 번쩍 뜨일 만한 빅 스타는 없었다. 밥 딜런의 공연이 무산되었다는 것을 알았을 때 나는 낙담했다. 하지만 이 기회에 제대로 못 들었던 뮤지션을 접해 보는 것도 괜찮겠다 싶었다.

식사를 끝낸 후, 레드 마키에서 펼쳐지는 전야제에 갔다. 미리 설명해 두는데, 후지 록은 크고 작은 무대가 일곱 군데에 설치된다. 산기슭에서부터 '루키 어 고고', '레드 마키', '그린 스테이지', '화이트 스테이지', '집시 아발론', '필드 오브 헤븐', '오렌지 코트' 순이다. 주 무대인 그린 스테이지는 3만 명을 수용할 수 있다. 레드 마키는 유일하게 지붕이 있는 무대로 5천 명을 수용한다. 그런 무대가 발 디딜 틈 하나 없었다.

앗, 뜨거. 이 열기는 대체 뭐지. 트랜스 음악을 선사하는 DJ의 퍼포먼스에 젊은이들이 흐느적흐느적 몸을 흔들고 있다. 압도적인 음수(音數). 비트의 세례를 받고 있는 느낌이다.

시대가 많이 바뀌었다. 나는 한구석에서 그 광경을 바라보았다. 디스코의 시대는 오래전에 끝났다. 소울 뮤직에 맞춰 스텝을 밟던 시절도 먼 옛날이다. 여기 모인 인파 중에 내 나이가 아마 가장 많을 것이다.

하지만 아저씨에게도 그 음악의 매력은 전해졌다. So Cool! 나도 모르게 몸을 흔든다.

DJ가 무대 뒤로 사라지자 이번에는 3인조 펑크 밴드가 등장했다. 분위기 반전. 관객들이 머리를 뒤흔들고 껑충껑충 뛰면서 미친 듯이 춤춘다. 꺄악. 나는 완전히 외톨이다. 젊은 아저씨 T씨도 멍. 감당이 안 된다. 일찌감치 퇴장하는 게 좋을 듯하다.

젊은이들의 그 힘찬 도약, 굉장했다. 바다 위로 뛰어오르는 날치를 보는 기분이었다. 젊음이 좋기는 좋군. 하지만 전야제 때부터 벌써 저렇게 날뛰어 대다니, 힘을 아껴야겠다는 생각은 없는 것일까.

밤 10시까지 괜한 심술을 부리다 호텔로 돌아왔다. 열기에 에너지를 빼앗긴 나머지 배가 고파져서 오는 길에 노점에서 핫도그를 샀다. 죽 훑어만 봐도 노점의 종류가 얼마나 다양한지 알겠다. 오키나와 소바, 타코스, 덮밥, 무엇이든 있다.

방에서 셋이 술을 마신다. 일기 예보를 보면서 내일 날씨를 확인한다. 내일은 맑음 때로 비, 라는데. 드디어 후지 록 페스티벌이 시작된다.

3

7월 29일, 금요일. 오전 10시 반에 호텔 로비에 집합했는데, 때마침 신초샤의 F양이 택시를 타고 나타났다. 그렇게 네 명이 되었다. 오늘 오후에는 가도카와 쇼텐(角川書店)의 T여사도 합류할 예정이다.

F양은 접이식 의자를 두 개 들고 있었다.

"선생님 쓰시라고 여분으로 가져왔어요."

과연 편집자는 눈치가 빠르다. 그런데 나는 "들고 다니기 귀찮게."라고 툭 내뱉고는 두고 가겠다고 했다(나중에 후회하는 신세가 되고 만다). 이 시점에서는 맨몸으로 다니는 게 최고라고 생각했던 것이다.

호텔에서 나와 현장으로 이동했다. 티켓 센터에서 입장권을 내고 손목 밴드를 받았다. 앞으로 사흘 동안 이 손목 밴드가 없으면 게이트를 통과할 수 없다.

우선은 주 무대인 그린 스테이지로 갔다. 산을 배경으로 거대한 무대가 우뚝 서 있다. 그 앞에는 드넓은 잔디밭. 오오, 지금까지 살면서 이렇게 큰 라이브 공간은 처음이다. 중앙을 가로지르는 형태로 통로가 있어, 그 앞쪽은 스탠딩 관객이 사용하고, 뒤쪽은 앉거나 눕는 관객을 위한 공간으로 구분되어 있다. 마침 오프닝 시간으로 '마스터 로'라는 일본 밴드가 힘차게 등장했다.

음, 꽤 멋진데. 스카(Ska)와 펑크의 요소를 멋들어지게 도입한 사운드다. 보컬도 매력적이고.

그러나 아침부터 댄스 음악을 듣자니 고달파져서 화이트 스테이지에 가 보기로 했다. 출연하는 밴드가 '유어 송 이즈 굿'이라는데, 어떤 밴드인지 잘 모르겠지만 이름으로 봐서는 상쾌한 음악을 연주하지 않을까 싶어서였다.

그런데 가 보니, 착각이었다. 기력이 펄펄 넘치는 스카 사운드다. 베이스와 드럼이 부 붕 부 쿵쿵 따. 관객들은 아침 연습을 하는 댄스부라도 되는 양 열심히 춤추고 있었다.

으음. 아저씨가 있을 장소가 아니군. 이 시점에서 나는 이미 의자를 가져오지 않은 걸 후회하고 있었다. 잔디는 그린 스테이지에만 있을 뿐, 나머지 무대는 맨땅이었다. 비라도 내리면 금방 질퍽질퍽해질 흙으로 덮인.

후지 록을 즐기려는 아저씨들을 위한 주의 사항 1.

접이식 의자는 필수품이다. 우리들이 서 있을 수 있는 시간은 하루에 고작 두 시간이다.

'유어 송 이즈 굿'은 호감이 가는 밴드였다. 괜히 멋 부리지 않고 성실하게 열심히 연주하는 점이 좋다. 내가 스무 살 청년이었다면 젊은 무리에 섞여 춤췄을 것이다. 그러나 아저씨에게 아침부터 이런 음악은…….

맥주를 마시면서 춤추는 젊은이들을 바라본다. 청춘이라, 참 좋군요.

'유어 송 이즈 굿'은 약 40분 정도 연주하고 무대에서 사라졌다. 마침 점심때가 되어서 바로 옆에 있는 도코로텐코쿠 광장에서 식사를 하기로 했다. 곁으로 흐르는 냇물에서 물놀이를 하는 사람도 있다. 그야말로 자연 속에서 펼쳐지는 페스티벌이다.

나는 참깨 소스 중국 냉면을 먹었다. 가격은 700엔. 그리고 잠시 쉬고 있는데 갑자기 빗방울이 떨어지기 시작한다. 말도 안 돼, 방금 전까지만 해도 하늘이 맑았는데.

"오쿠다 선생님, 비옷 미리 입어 두세요."

I양이 말한다. 그런데 그게……, 나, 오늘은 절대 비가 안

아저씨, 록 페스티벌에 가다

올 거라고 생각하고 비옷을 호텔에 두고 왔습니다요.

"괜찮아. 그냥 지나가는 비일 거야."

그렇게 믿기로 하고 다른 스테이지로 자리를 옮겼다.

숲 속의 보드워크를 걷는다. 이 통로는 혼잡을 피하기 위해 새로 만든 것인 듯하다. 일방통행이라서 걷기도 편하고 삼림욕까지 즐길 수 있다. 비도 피할 수 있고.

제일 꼭대기에 있는 필드 오브 헤븐에 도착하니 비는 어느덧 그쳐 있었다. 그러나 만일을 위해 매점에서 비닐 비옷을 구입했다. 1,500엔이나 하더군요.

후지 록을 즐기려는 아저씨들을 위한 주의 사항 2.

날씨가 좋아도 비옷은 반드시 지참할 것. 일단 내리기 시작하면 비를 피할 만한 장소가 없다. 호텔로 돌아가려면 입구에서도 20분을 걸어야 한다. 산의 날씨는 소설가의 변명과 마찬가지, 믿을 수 없다.

헤븐에서는 무슨 전통 과자 이름 같은 '후미도(風味堂)'라는 피아노 트리오의 연주가 시작되었다. 앨튼 존이나 벤 폴즈(Ben Folds. '피아노 록의 대부'로 불리는 미국의 싱어송라이터— 옮긴이)를 연상케 하는 팝 음악이었다.

미안하지만 나는 별 흥미가 일지 않아 제일 뒤쪽에 있는 오렌지 코트로 이동했다. 이곳에서 내가 기대하는 오늘의 첫 무대, 에디 리더(Eddi Reader. 스코틀랜드 출신의 여가수— 옮긴이)의 공연이 있다. F양은 '케이크'라는 시끌시끌한 댄스계 밴드를 보기 위해 그린 스테이지로 향했고, I양과 T씨는 나를 따라왔다.

오후 1시 50분, 기타를 든 에디가 아코디언 멤버와 함께 등장했다. 오, 여전히 청초한 모습이다. '페어그라운드 어트랙션' 멤버로 활동하던 시절에 보고 처음이니까 내게는 13년 만의 알현이다. 관객은 500명 정도. 조금 썰렁하지만, 젊은 사람들은 그녀의 이름조차 모를 테니 어쩔 수 없다.

에디의 목소리는 정말 청량했다. 자연 속에서 듣기에는 최고의 포크 송이다. 처음 듣는다는 I양도 열심히 귀를 기울인다.

그런데, 옆 무대 헤븐에서 진행되고 있는 후미도의 음악 소리가 여기까지 울려 시끄럽다. 이쪽은 어쿠스틱이라 당해 낼 재간이 없다.

에디가 차분하게 노래한다. 쿵쿵 따 쿵쿵 따, 드럼 소리가 숲 저쪽에서 울려온다. 아파트에서 연인과 은밀한 사랑의 속삭임을 나누고 있는데 옆집에서 마작 소리가 들려오는 그런 느낌이다.

이봐, 후미도. 소리 못 줄여. 아, 예, 형님들에게 죄가 있다는 게 아니라.

도중 가도카와 쇼텐의 T여사 도착. 에디가 목표였기 때문에 "아, 늦지 않아서 다행이다."라며 기뻐했다. T여사, 소주 지참.

"자, 마셔요."

대낮에 술잔 돌리기가 벌어진다. 다행히 후미도의 연주가 끝나 후반은 고요함 속에서 즐길 수 있었다.

그런데, 이쯤에 또 비. 이번에는 좍좍 쏟아진다. 허둥지둥 비옷을 입고 나무 밑으로 피했다. 하늘은 어두컴컴. 당분간 그칠 것 같지 않다.

"첫날부터 무리할 거 없으니까 호텔로 돌아가서 쉬죠."

I양의 따뜻한 제안에 산을 내려가기로 했다.

주위에는 비옷을 위아래로 철저하게 준비한 사람들이 많았다. 보나마나 유경험자들이겠지. 그들은 접이식 의자에 앉아 다음 무대가 시작되기를 진득하게 기다리고 있다.

물론 맨손으로 온 손님도 있다. 그들은 물에 빠진 생쥐 꼴. 그래도 젊으니 그림이 된다. 일부 젊은이들이 보드워크 아래로 기어 들어가 비를 피하고 있는 모습에는 웃음이 나왔다. 널마루 사이로 눈길이 마주친다. 그래도 참 좋아 보입니다, 젊은 시절.

오렌지 코트는 입구에서 걸어 얼추 40분이 걸린다. 그러니 호텔까지는 약 한 시간. 사람이 많으면 더 걸리고, 길이 질척거리면 상황은 더 악화된다. 따라서 '호텔을 베이스캠

프로 좋아하는 무대를 찾아다닌다'는 안이한 계획은 실현 불가능하다. 한번 나서면 그걸로 끝이라고 생각하는 게 좋다. 한 시간 이상이나 걷다니, 골프도 치지 않는 나로서는 학창 시절의 소풍 이래 쾌거다.

움직이는 길이 있었으면 좋겠다. 골프 카트라도 좋고. 아저씨는 제멋대로다.

그린 스테이지에 접어들 무렵 비가 그쳤다. 정말 변덕스러운 날씨다. 휴대 전화로 연락을 주고받아 잔디밭에 시트를 깔고 누워 있던 F양과 합류. 이제 '더 하이로즈'가 등장할 거라기에 같이 보기로 했다.

그런데 이 밴드, 진짜 좋았습니다. 미친 보컬, 정말 멋졌고요. 흠잡을 데 없이 자연스럽고 순수하다. 청중에게 잘 보이려 애쓰지 않고 솔직하게 승부하는 로큰롤이 듣기 좋았습니다.

저게 누구지? 고모토 히로토? '더 블루하츠'의 예전 멤버? 모르겠다. 나는 무지하다.

70년대 로큰롤파 아저씨의 가장 큰 결점은 제 나라의 록을 깔본다는 것이다. 옛날의 일본 팝은 '서구 음악의 대용품'이 대부분으로, 밴드도 영미 밴드 흉내나 겨우 내는 수준이었다. 그래서 자연히 냉소적이 되었고, 들어 보기도 전에 엉터리라고 단정 짓곤 했다.

저들에게는 그런 콤플렉스가 없는 게지. 영미 음악이 만능이 아닌 시대에 자랐으니.

더 하이로즈도 마음에 든다. 도쿄에 돌아가면 CD를 사야겠다.

"저는 킹톤스 보러 갑니다."

T씨(소주 때문에 벌겋게 달아올라 있다)가 그렇게 말하기에 하이로즈가 끝나고 그와 헤어졌다. 나는 호텔로 돌아가 이른 저녁을 먹기로 했다. 출연자 목록을 봤을 때 나는 내 눈을 의심했다. '킹톤스'는 〈굿나잇 베이비〉를 불렀던 코러스 그룹이다. 내가 초등학교 시절에 유행했던 곡이랍니다. 야, 후지 록에는 정말 뭐든지 다 있군요.

어제도 그러더니, 대부분의 레스토랑이 텅텅 비어 있다. 호텔은 잘 때만 돌아오는 장소로 여기는 듯하다. 중화요리를 쩝쩝 먹으면서 밤 시간을 어떻게 보낼지 계획을 세운다. 저녁을 먹은 후에는 콜드 플레이―포그스―ROVO, 이런 순이 되려나. 생각해 보니 그야말로 호사스러운 밤이다. 이렇게 사흘 통합권이 3만 8,000엔. 하루당 1만 3,000엔꼴이다. 록 페스티벌치고는 상당히 양심적인 가격이다.

도쿄에 있는 후발대에 전화로 연락해 보니 토요일 당일권이 다 팔려 움직이기가 난처한 듯하다.

"거기 가면 길바닥에 떨어져 있다던데요."

일부 편집자는 특공대 놀이라도 할 요량인지 그런 터무니없는 소리를 한다.

"그런 소문 믿고 섣불리 오면 안 되지."

손목 밴드를 얘기하는 모양인데, 그럴 리가 없다.

해가 저물 무렵, 그린 스테이지에서 '콜드 플레이'의 연주를 듣는다. '라디오 헤드'가 떠오르는 진지한 록이다. 제대로 듣기는 처음인데 웅장한 라이브였다.

밤 8시 반부터는 화이트 스테이지에서 '포그스'. 아일랜드의 전통 음악에 펑크를 접목시킨 밴드. 알코올 중독으로 탈퇴했던 보컬 섀인 맥거원(Shane MacGowan)이 복귀한 귀중한 밤일 무대다. 결성된 지가 오래인 만큼 멤버들 모두 할아버지다.

너희들이 포그스를 알아? 젊은 사람들을 우습게 여겼는데 3천 명 정도의 관객이 운집했다. 허억, 진짜? 이렇게 말하기 뭐하지만, 도쿄에서 공연한다면 시부야의 클럽 콰트로가 딱 적합할 것 같다. 이걸 어떻게 판단하면 좋죠.

연주가 시작되자 젊은이들이 음악에 몸을 싣고 춤추기 시작한다. 왠지 여우에 홀린 기분이다. 아무렴 어떠랴. 포그스는 춤을 춰야 제 맛이다.

술병을 한 손에 쥔 맥거원, 아주 흥에 겨웠다. 극동의 어느 산속에서 이렇게 많은 젊은이들에게 에워싸일 줄은 꿈에도 몰랐으리라. 곡 사이사이로 뭐라고 말을 건네는데, 혀 꼬부라진 소리를 한다. 영어를 잘하는 T여사도 "뭐라는지 도통 모르겠네."라면서 포기한다.

예기치 않은 흥분감을 선사해 준 포그스의 무대 후 헤븐으로 가서 'ROVO'의 무대를 도중부터 봤다. I양이 권하기에 사전에 CD를 사서 들어 보았는데, '킹 크림슨(King Crimson)' 비슷한 트랜스 계통 잼 밴드였다. 이쪽은 청중이 가만히 서 있다. 뮤지션과 관객 사이에 독특한 긴장감이 맴돈다.

분명하게 말해 이쪽이 내 취향이다. 현란한 임프로비제이션(improvisation. 즉흥 연주)의 응수에 몸을 흔드는 것조차 잊고 만다. 오늘 최고의 수확일지도 모르겠다. 후지 록에 오지 않았다면 이름도 모르고 지냈으리라. 몇십 년을 계속해서 들어도 음악에는 새로운 발견이 있다.

돌아가는 길, 그린 스테이지를 지나다가 '푸 파이터스(Foo Fighters. 너바나의 드러머였던 데이브 그롤이 1995년에 결성한 미국의 록 밴드다—옮긴이)'의 앙코르 곡에 혼자서 미친 듯이 춤추는 F양을 발견했다. 이 아가씨, 머리를 죽어라 흔들고 방방 뜨는 춤이 전문인 듯하다. "아, 허리야." 하고는 웃으면서 얼굴을 찡그린다.

진하게 지나간 하루였다. 앞으로도 이런 날이 이틀 계속

된다. 당일권을 산 T씨와 T여사는 이 길로 도쿄에 돌아가야 한다.

"내년에는 무슨 수를 써서라도 전일 참전해야겠어요."

두 사람, 그렇게 의욕을 불태운다.

출구로 향하는 인파가 어마어마했다. 이렇게 많은 사람들의 뒷머리를 한꺼번에 보기는 처음인 것 같다. 올려다보니 나에바의 하늘은 새카맸다. 스테이지 주변에만 빛이 어둠을 헤치고 있었다.

4

7월 30일, 토요일. 일기 예보는 구름, 때로 비라는데, 아침부터 햇살이 쨍쨍 비치고 있다. 그러나 산속 날씨는 언제 어떻게 변할지 알 수 없으니까 가방에 비옷을 넣어 가기로 했다. 오전 10시, 로비에 집합. I양과 F양, 아직도 졸린 듯 눈을 비비면서 나타났다. 어젯밤 둘이서 오렌지 코트로 다시 돌아가 심야 DJ 퍼포먼스인 '올 나이트 후지'에서 마구 달렸단다. 춤췄다고, 새벽 3시까지? 젊다, 참 젊다(그래 봐야 이십 대 후반이지만). 나는 목욕만 하고는 정신없이 곯아떨어졌는데.

오늘은 비닐 시트와 접이식 의자도 지참하고 출발해 우선 그린 스테이지 뒤쪽에 진영을 확보했다. 일정한 집합 장소가 있으면 각자 자유롭게 돌아다닐 수 있다. 오늘은 그린 스테이지에서 '로스 로보스(Los Lobos. 미국의 라틴 록 계열 그룹—옮긴이)'를 보는 것부터 시작할 예정이다.

그런데 로스 로보스의 무대가 취소되는 사태가 벌어졌다. 비행기가 지연된 듯하다. 대신 에리 리더가 다시 무대에 섰다.

얏호! 어제는 옆 동네가 시끄러워 에디의 노래에 집중할 수 없었다. 나 개인적으로는 대환영이다. 파란 하늘 아래에 에디의 청량한 노랫소리가 울려 퍼진다. 그렇죠, 아침에는 이런 노래를 들어야죠. I양 눈물을 머금고 있다. 그녀의 목소리가 좋아진 모양이다.

에디 리더의 무대가 끝나자 갑자기 검은 구름이 몰려왔다. 빗방울이 후드득후드득 떨어지더니 순식간에 좍좍 쏟아지기 시작한다. 산속 날씨는 변덕스럽다느니 어떻다느니 하는 말이나 하고 있을 때가 아니었다. 나는 이런 날을 위해서 값비싼 고어텍스 비옷을 상하로 구입했는데, 정말 잘한 일이었다. 방수 기능을 겸비한 파카 따위는 후지 록에서는 전혀 쓸모가 없다. 아웃도어 메이커의 비옷이 아니면 별 도움이 안 된다.

자리를 옮기자니 내키지 않아서 그대로 죽치고 앉아 그린 스테이지에서 오후 12시 반부터 시작되는 '셔벗'이라는 밴드를 본다. 전 '블랭키 젯 시티'의 보컬이 결성한 밴드란다.

그런데 이 밴드가 또 좋았다. 호우가 무대 효과를 배가시켰는지, 쿨하게 타오르는 라이브였다. 절절하게 호소하는 보컬에 가슴 찡한 감동이 느껴진다. 크윽. 일본 록을 등한시해 왔던 나, 지금까지 무척이나 손해를 본 듯하다. 도쿄에 돌아가면 이 밴드도 CD를 사서 들어 봐야겠다.

"쏟아지는 빗속에서도 마지막까지 들어 주셔서 감사합니다."

리더의 말에 진정이 담겨 있었다. 관객도 "와아." 하며 환성. 어제 하이로즈도 그랬지만 일본 록이 언제 이렇게 성장했는가 싶다. 해외에서 녹음을 했다느니 본고장의 모모 씨와 공연을 했다느니, 그런 화젯거리를 미끼 상품으로 삼던 시대가 거짓말 같다.

비는 여전히 좍좍 쏟아지는데, 셋이 몸을 푹 숙여 물이 들어가지 않게 하고서 수프 카레를 먹는다. 맛있다. 후지록에는 다양한 먹거리 노점들이 있다. 맛도 관광지의 어설픈 노점들과는 비교가 안 되게 훌륭하다. 먹거리가 맛있으면 인간은 마음이 넓어진다. 모두들 매너가 좋고, 쓰레기를 획 내던지는 경우가 많지 않은 것도 어쩌면 이 식사 덕분이 아닐까.

스테이지에서는 NGO 단체의 스피치가 시작되었다. 후지 록에는 수많은 NGO 단체도 참가해 환경, 인권, 평화를 부르짖는다. 음악만의 축제가 아닌 것이다. 나는 '착한 사람'을 그리 탐탁해하지 않는 삐딱한 사람인데, 꽁초 하나 없는 이곳을 보니 계몽 활동도 필요하다는 생각이 든다. 나에바에서 휴대용 재떨이를 사용하던 젊은이들, 도심의 길거리에서도 꼭 그렇게 해 주세요.

여전히 비가 내리는 가운데, 무지근하게 앉아 '맥시모 파크(Maximo Park)'라는 영국 신인 밴드의 음악을 듣는다. 뉴 웨이브계의 사운드는 내 영역이 아니지만, 발랄하고 인상이 좋았다. 앞으로 스타가 되려는 젊은이의 노력이 전면에 드러나 있다. 그들은 일본에서 인정받고 싶어 한다. 힘내세요, 맥시모 파크. CD는 사지 않겠지만.

이때쯤 두 번째 아저씨인 분게이슌쥬의 Y씨가 등장한다.

"웬 비가 이렇게 내립니까."

파카에 달린 모자를 덮어쓰고서 눈살을 찌푸리고 있다. 도쿄에서 떠날 때는 날씨가 맑아, 태양 아래서 맥주를 마시는 꿈을 품고 달려온 모양이다. Y씨는 근자에는 클래식에 심취해 있지만, 과거에는 『뉴 뮤직 매거진』을 정독했던 70년대의 정통파 로큰롤 아저씨다.

"프로그램을 봤더니 오늘 차보(나카이도 레이지)와 야마기시 준지가 출연하던데. 헤헤헤."

되게 반가운 모양이다.

같은 장소에 마냥 있을 수는 없어 다른 스테이지도 볼까 하고 넷이서 자리를 옮겼다. 화이트 스테이지에서는 화제의 '삼보 마스터' 공연이 예정되어 있다.

가 보니 초만원이었다. 나도 모르게 말문이 막힌다. 이렇게 비가 내리고 공연 시작까지는 30분도 더 남았는데, 1만 명에 가까운 사람들이 발 디딜 틈 없이 공연장을 메우고 있다. 의자를 펼치는 것은 꿈도 꿀 수 없었다. 인기 많네. 이것이 바로 스타 가도를 달려온 밴드의 위력인가.

군중 속에 버티고 있을 용기가 없어 오렌지 코트까지 올라가기로 했다. 이 스테이지에 오렌지라는 이름이 붙은 것은 흙이 붉은색이기 때문일 터(아마도), 당연히 땅이 질척거린다. 미처 쓰지 못했는데, 내 스니커는 이미 진흙투성이다. 안은 푹 젖어 있고.

후지 록을 즐기려는 아저씨를 위한 주의 사항 3.

괜히 멋 부리고 올 생각을 해서는 안 된다. 버려도 아깝지 않을 운동화에 바지, 가방, 프라이드, 이 네 가지는 반드시 준비할 것.

아저씨들은 사회에서 힘써 일한다. 직장에는 가려운 곳을 긁어 주는 부하 직원이 있고, 긴자의 클럽에 가서 담배를 꺼내 물면 얼른 불도 붙여 준다. 나 역시 가는 곳마다 '훈훈한 접대'를 받는 것에 익숙해 있다. 하지만 후지 록에서는 모두가 평등하다. 비가 내리면 젖는다. 당연하다.

스테이지가 내려다보이는 언덕 위 장소를 확보. '캘리포니아 기타 트리오'라는 밴드가 어떻게 된 일인지 '예스'의 대표곡 〈Heart of the Sunrise〉를 연주하고 있다. 참 오랜만에 듣는다. 게다가 빡빡머리 베이시스트는 어디선가 본 기억이 있다. 킹 크림슨의 전 멤버 토니 레빈(Tony Levin)이 아닌가. 오오. Y씨와 둘이 흥분한다. 오늘 밤에는 같은 무대에 아드리안 벨루(Adrian Belew. 전 킹 크림슨 멤버)도 등장한다. 둘이 깜짝 공연을 해 주지는 않을지. 〈Larks' Tongues in Aspic part 2〉가 나에바의 하늘에 작열하는 일은 없을지.

I양과 F양은 아저씨들의 대화를 따라잡지 못한다. 역시 록 담화는 즐겁다.

계속 쏟아지는 비에 피폐한 관객 여러 명이 언덕 풀밭에 드러누워 있다. 젖어도 전혀 개의치 않는다. 아무튼 눕고 싶은 것이리라.

아이들을 데리고 온 아저씨가 언덕에서 내려오다 굴렀다. 언덕 아래에는 안타깝게도 물이 고여 있다. 두 손 모아 그들의 안전을 기도한다. 차림새가 깔끔한 관객은 한 명도 없다.

오후 4시 반, 오렌지 코트에서 특집 블루스 기타 세션이 시작됐다. 야마기시 준시, 차보, 챠, 이시다 오사무 등이 잇달아 등장하는 '아저씨 일렉트릭 기타 배틀'이다.

마음이 푸근해진다. 우리들 시대의 올드 록이다. 요즘 들어서는 세션 자체가 귀중하다.

다만 어제에 이어 오늘도 최전선의 음악을 들은 나로서는 스타일의 예스러움이 느껴졌다. 의견이 다른 사람도 있겠지만, 나는 블루스 록은 모던 재즈와 같은 길을 걷게 될 것이라고 생각한다. 긴 기타 솔로는 이미 정형성의 세계에 빠져 있다.

밴드가 밥 딜런의 〈Knocking on Heaven's Door〉를 연주한다. 후렴구에서 관객에게 합창을 청하지만, 이 노래를 아는 사람들은 많지 않다. 30년 전 노래니 어쩔 수 없다. 이 사람들은 태어나기도 전이다.

이쯤에서 비가 그쳤다. 여섯 시간이나 비를 계속해 맞다니, 처음 경험이다.

저녁 7시 20분, 그린 스테이지에서 '벡 한센(Beck Hansen. 1990년대와 2000년대 얼터너티브 록의 가장 창의적인 아티스트 중의 한 사람으로, 비평가들로부터 높은 평가를 받는 미국의 싱어송라이터—옮긴이)'의 연주가 시작되었다. 개인적으로는 오늘의 하이라이트다. 벡도 벌써 10년 선수다. 데뷔곡 〈Loser〉는 여기 있는 젊은이들에게는 그 옛날의 정겨운 멜로디일지도 모르겠다.

댄스 비트에 3만 명이 몸을 흔든다. 장관이다. 와우. 이 광경은 눈에 각인될 것 같다. 세 번째 곡으로 최신 히트 넘버인 〈Girl〉을 연주한다. 이 사람의 음악은 해석이 불가능하다. 멜로디를 악보로 옮기면 비치 보이스일 텐데, 전체적으로는 권태감이 묻어난다.

스테이지에서는 에어로빅 댄서가 춤추고 있다. 의도를 모르겠다. 그래도 재미있다.

벡은 좀 요상한 사람이다. 록 뮤지션은 천직이리라. 이 사람이 회사원이라면 주위 사람들이 골치를 썩지 않았을까.

최고의 무대였다. 벡의 음악을 처음 듣는다는 Y씨도 흥분했다. I양과 F양은 정신없이 춤추고, 나도 춤을 췄다. 차가웠던 몸이 단박에 뜨끈해졌다.

벡의 연주가 끝난 후 포장마차에서 메밀국수를 먹는다. 출출한 배에 따스한 국물이 밴다. 다시 그린 스테이지로 돌아가 밤 9시부터 '팻 보이 슬림(Fat Boy Slim)'의 퍼포먼스를 구경한다. 나는 모르지만, '세계 최고의 DJ'란다.

그런데, 이 소리와 빛의 향연이 내게는 맞지 않았다. 거대한 클럽으로 변모한 밤의 들판에서 아저씨는 망연히 서 있을 뿐이다. 그런 데다 또 비. 이어서 천둥.

먼저 실례. 젊은 사람들끼리 마음껏 즐기세요. 후지 록에서는 이런 말이 절로 나온다.

후지 록을 즐기려는 아저씨를 위한 주의 사항 4.

튄다고 생각되면 무리하지 말고 퇴장할 것. 록 페스티벌은 젊은이들을 위한 것이다.

호텔로 돌아와 아저씨들끼리 술을 마신다. 창밖에서는 번개가 번쩍거렸다.

5

7월 31일, 일요일. 후지 록 페스티벌도 오늘이 마지막이다. 벌써 끝난다고 생각하니 아쉽다. 일주일쯤 계속했으면 하는 마음이다.

하늘은 파란데, 물론 믿을 수는 없다. 오늘 합류하는 가도카와 쇼텐의 면면에게 전화를 걸어 "구름 한 점 없어도 비옷은 반드시 챙겨 와야 한다."고 거듭 주의를 주었다.

오전 10시에 로비에 집합하는데, 뮤지션으로 보이는 사람들이 있었다.

"꺄아! 삼보 마스터의 야마구치 씨다."

I양이 흥분해서 소리를 지른다. 같은 건물에 묵었던 모양이다. 출연자라도 젊은 사람은 작은 방밖에 사용할 수 없는 것인가. 야마구치라는 사람은 '스택스 레코드(Stax Record. 1960년에 설립된 흑인 음악 전문 레이블―옮긴이)'의 노란 티셔츠를 입고 있다. 멋져 보인다. 언젠가 아이작 헤이즈(Isaac Hayes. 스택스 레코드의 간판스타로, 가수이자 작곡자이며 배우. 아프리카계 미국인으로는 처음으로 아카데미 주제가상을 수상했다―옮긴이)처럼 노래 불러 주세요.

F양은 오늘 따로 행동한다. 어제 밤늦게 새신랑이 와서 텐트촌으로 이동했다고 한다. 신혼의 알콩달콩인가요. 흐뭇하군요.

I양과 Y씨, 나, 셋이 다시 산으로. 어제와 마찬가지로 그린 스테이지 뒤쪽에 시트를 펼치고 장소를 확보한다. 오늘은 사람 수가 많아 시트를 활짝 펼쳐 놓기로 했다.

오전 11시, '더 낵'이 등장. 더 낵 하면 〈마이 샤로나(My Sharona)〉다. 그 곡밖에 떠오르지 않는다. 그 한 곡으로 20세기를 풍미한 뮤지션이다.

스매시도 용케 그들을 초대했다. 여기까지 온 더 낵도 대단하고. 내 인생에 더 낵을 보는 날이 올 줄은 꿈에도 몰랐다.

파란 하늘 아래에 더 낵의 비트가 울려 퍼진다. 음, 이 공기에 잘 어울리는군. 귀 기울여 들어 보니 고급한 파워 팝이다.

시트 위에 누웠다. 높은 지대의 햇살은 강렬하다. 살이 바직바직 타 들어간다. 여름이군. 록 페스티벌이야. 나에바에서 지내는 동안 이렇게 푸근한 해방감을 느껴 보기는 처음이다.

이때 가도카와 쇼텐의 늙수그레한 아저씨 S씨 등장. 짧은 바지에 비치 샌들을 신고, 어깨에는 프라다 숄더백을 멘 경쾌한 차림이다. 뒤에는 부하 직원, 동료, 긴자의 아가씨들까지 거느리고 있다.

"저……, 비옷은요?"

내가 묻는다.

"걱정 말아요. 오늘은 절대 안 오니까. 카하하하."

호탕하게 웃는다.

그렇게 여러 번 말했는데. 왠지 좍좍 퍼부었으면 하는 심경이다. 이대로 돌려보내고 싶지 않은 것은 사흘 동안 비에 짓무른 인간으로서 당연한 감정이다.

그건 그렇고, 짧은 바지에 비치 샌들, 브랜드 가방을 메고 긴자의 호스티스까지 데리고 나타난 사람은 후지 록 역사상 처음이지 않을까. 주위의 젊은이들도 '뭐야, 이 사람들.' 하는 식의 야릇한 눈빛으로 바라본다.

아무럼 어떻습니까. 마음껏 즐기다 돌아가세요.

그때 마침 〈마이 샤로나〉가 흘러나왔다. 이야호! 모두들 춤을 춘다.

참 완벽한 비트곡이다. 이 곡을 완성했을 때 이들이 얼마나 흥분했을까. 그리고 관계자들은 이 곡을 뒤이을 두 번째 곡이 없을 거라는 것도 각오했으리라. 완벽함이란 그런 것이다.

라이브로 듣는 〈마이 샤로나〉는 감동적이었다. 당분간 자랑거리가 될 것 같다.

"어머, 선생님. 오랜만이네요."

더 낵의 연주가 끝나자 긴자의 아가씨들이 인사를 건넨다. 그렇게 큰 소리로 선생님이라고 부르면 어쩝니까. 주위 사람들까지 다 듣게.

아무튼 맥주로 건배. 오오, 그대들, 밝은 태양 아래에서 보니 다른 사람들 같군. 별 의미는 없어요.

이어서 무대에 일본의 '게무리'라는 밴드가 등장했다. 팸플릿에는 '고속 스카 밴드'라 소개되어 있다. 음, 나는 듣기가 좀 괴로울 것 같다.

"게무리, 나 앞에서 보고 싶어!"

긴자의 아가씨 두 명이 그렇게 외치고는 앞으로 뛰어나간다. 흐음, 젊은 사람들에게는 인기가 있는 모양이군요. 후학을 위해 참관하기로 했다.

무대 앞쪽에서 젊은이들이 껑충껑충 뛰고 있다. 그리고 누군가 호스로 그 머리들 위에 물을 뿌린다. 와일드하군. 여러분, 아무쪼록 산소 결핍에 주의하세요.

이때 고단샤(講談社)의 K씨가 나타났다. 이 사람, 사망자가 발생한 전설의 '레인보' 삿포로 공연을 현장에서 본 정통파 로큰롤 아저씨다. 오늘은 '뉴 오더(New Order. 1980년에 결성된 영국의 3인조 밴드. 뉴웨이브와 일렉트로닉 댄스를 결합한 음악으로 1980년대의 가장 영향력 있는 밴드 중 하나로 평가받는다―옮긴이)'를 보는 게 목표란다.

"비옷, 가져왔습니까?"

내가 또 묻는다.

"물론이죠. 가져오는 김에 접이식 의자도 세 개나 지참했습니다. 자, 나눠들 쓰시죠."

훌륭하다. 사풍(社風)이란 이런 데서 나타나는 것인가.

게무리의 연주가 끝나자 긴자 아가씨 두 명이 파김치가 되어 돌아온다.

"깔려 죽는 줄 알았네."

그녀들, 물을 뿌려 뜨거운 몸을 식힌다. 무대 바로 앞은 거의 전쟁터인 것 같다.

S씨가 부하 직원과 함께 페스티벌 현장을 한 바퀴 빙 돌고 돌아왔다.

"후지 록, 대충 감 잡았어."

의기양양한 표정으로, 현장 시찰을 끝낸 일본 종합 건설 회사의 부장 같은 소리를 한다.

아직은 모른다니까요. 후지 록은 비를 맞아 봐야 비로소 알 수 있는 것이다. 이쯤에서 비가 와야 하는데. 하지만 하늘은 원망스러울 정도로 파랗기만 하다.

점심을 먹은 후에는 자유행동. I양과 K씨와 나, 셋은 '소울 플라워 유니언'을 보기 위해 화이트 스테이지에 가기로 했다. 가 보니 손님들이 꽤 있다. 리더가 무대 위에서 "우리 팬이 이렇게 많았나요?" 하며 웃었다. 약간 비아냥거림이 섞인 웃음이다.

연주가 시작되었다. 나는 처음 듣는데, 오키나와 민요와 아이리시 포크와 친동야(우스꽝스러운 옷을 입고 북을 치며 광고를 하고 다니는 사람―옮긴이)의 북소리를 섞어 놓은 듯한 음악이다. 어째 옛날이 그리워지는 느낌으로, 90년대 초엽에 유행했던 월드 뮤직이 떠오른다.

모두들 춤을 추고 또 춘다. 와우. 이 발랄함은 무엇이람.

이쯤에서 첫날부터 느꼈던 점 한 가지.

후지 록 관객 중의 몇십 퍼센트는 진정한 음악 팬이 아닐지도 모르겠다. 음악 자체를 즐기기보다, 다 같이 광란의 춤을 추고 싶어 하는 인상이다. 그런 점은 고향 팀은 거들떠보

지도 않으면서 대표 팀에게는 열광하는 사람들과 비슷하다. 모두들 집단으로 취하고 싶은 것이다.

그렇다고 나쁘다는 것은 아니다. 주위 사람들에게 폐를 끼치는 것도 아니고. 그러나 설교는 아저씨 몫.

CD를 사세요. 작품과 마주하세요. 아이팟 같은 데다 어떤 곡의 좋은 부분만 저장하지 마세요. 불법 다운로드라니, 그게 가당키나 한 말입니까. 곡을 만드는 쪽도 컬러링이나 노래방에 음원을 팔아 돈 벌려는 생각은 하지 마세요. 안 그러면 21세기는 명반이 없는 시대가 되고 맙니다. 소비만 되는 음악은 문화라 할 수 없죠. 음악 문화의 기본은 오랜 세월 두고두고 듣게 되는 명반을 낳는 것입니다. 후지 록에서 1만 명의 관객을 모은 뮤지션의 CD가 5천 장밖에 팔리지 않는 게 현실이라면, 그것은 업계 전체의 잘못입니다. 우리의 록을 죽여서는 안 됩니다.

아저씨는 록 얘기만 나왔다 하면 뜨거워진다.

소울 플라워 유니언은 매력 있는 밴드였다. CD, 사겠습니다. 팬이라는 I양은 소설가를 버려둔 채 앞에서 춤을 추고 있다. K씨도 멜로디를 따라 흥얼흥얼 노래를 부른다.

오후 4시, 그린 스테이지로 돌아와 '구루리'를 본다. 주위에는 잠자리가 날고 있다. 평화롭군. 그만 꾸벅꾸벅 졸고 만다. 황금 같은 낮잠이다.

오후 5시 반, 드디어 비치 보이스가 무대에 등장. 우리 일행도 전원이 모였다. F양도 새신랑과 함께 수줍어하며 나타났다. 다른 무대에 있는 쇼덴샤(祥伝社)의 젊은 아저씨 M씨에게도 휴대 전화로 연락해 합류했다. 이렇게 열 명 이상이 모이니 마음이 든든하다.

후지 록을 즐기려는 아저씨들을 위한 주의 사항 5.

가장 중요한 것은 동행하는 사람이다. 중장년층만 있어서는 분위기가 고조되지 않으니까 젊은 동반자가 필요하다. 물론 세상 아저씨들에게 젊은 친구가 있을 리 없다. 내게도 없다. 따라서 부하 직원을 끌어들이는 수밖에 없다. 싫다고 하면 억지로라도 끌고 온다. 투덜거리지 마. 잠자코 따라만 오라고. 평소에 관계가 어땠는지가 문제이겠군요. 젊은 사람들이여, 아저씨들과 놀아 주세요.

14년 만의 방일이라는 비치 보이스. 왕년의 멤버는 마이클 러브(Michael Love)와 브루스 존스턴(Bruce Johnston)뿐, 나머지는 용병이었다. 일부에서 신으로 추앙하는 브라이언 윌슨(Brian Wilson)도 이번 무대에는 등장하지 않는다. 대체 뭐냐는 소리도 있지만, 나는 만족했다. 나는 쾌활한 아저씨, 마이클 러브가 더 좋다.

비치 보이스는 관록의 무대를 보여 주었다. 후지 록의 성격상 좀 시들하지 않을까 걱정했는데, 히트곡이 워낙 많으니 숨 쉴 틈조차 없다. 〈Good Vibrations〉, 〈Kokomo〉, 〈Surfin' U.S.A.〉를 아낌없이 전부 연주해 주었다. 젊은 관중들도 호응이 대단하다. 다행이다, 다행이야. 나는 내 일처럼 자랑스러웠다.

"서른 곡이 들어 있는 베스트 음반이 일본에서 출시되었습니다. 사면 이득이죠."

마이클 러브가 무대에서 그렇게 광고한다. 아저씨, 씩 웃음이 나온다.

비치 보이스의 연주가 끝나자 그게 신호라도 되는 듯 동쪽 하늘에서 검은 구름이 몰려왔다. 또 비가 뿌릴 것 같다.

"이제 슬슬 퇴장해 볼까."

S씨가 엉덩이를 든다. 네, 벌써 간다고요?

"내일 아침부터 회의가 있어서 말이죠. 길이 막히는 시간도 피하고 싶고."

아, 그렇군요. 그럼, 살펴 돌아가시죠.

가도카와 쇼텐의 S씨와 긴자 아가씨들이 돌아간 후에야 비가 좍좍 내리기 시작했다. 기가 막히다. 왜 산신령님은 그들에게는 은혜를 베풀고 우리들에게는 시련을 주시는지. 불공평하기 짝이 없다.

다시 제각각 흩어졌다. 나는 I양과 헤븐으로 이동한다. 밤 9시부터 있을 '소울라이브(Soulive. 미국의 재즈 트리오—옮긴이)' 공연을 보기 위해서다. 시작되려면 아직 한 시간 넘게 남아 있어 따분했지만, 비가 오는데 이쪽저쪽 옮기기도 귀찮다. 의자를 펼치고 앉아 무작정 기다리기로 했다.

저녁은 노점에서 피자를 먹었다. 그런데 이게 또 정말 맛있다. 보는 앞에서 반죽을 착착 펴서 가마에 구워 주는 본격적인 피자다. 후지 록에서 먹은 음식 중 최고의 맛. 따끈한 치즈가 눈물겨울 정도로 반갑다.

헤븐 근처에는 두 군데나 간이 화장실이 있는 탓에 '좋은 냄새'가 좌우에서 풍겨 온다. 사흘째나 되었으니 그럴 만도 하다. 지금까지 지적하지 않았는데, 후지 록의 과제는 화장실이다. 10분 이상이나 줄 서야 할 걸 생각하면 맥주도 삼가고 싶어진다. 위생 면에서도 한숨이 나온다. 티켓을 4만 장이나 발매했다고 하니, 도쿄 돔의 규모와 그리 다르지 않다. 즉 도쿄 돔에 있는 수만큼의 화장실이 있어야 혼잡을 피할 수 있다는 얘기다. 앞으로도 후지 록은 나에바에서 10년 이상 계속될 테니까 상설 화장실을 고려해 보는 게 어떨까? 스매시 님, 꼭 읽고 부탁드립니다.

그건 그렇고, 나도 꽤나 참을성이 많은가 보다. 비를 맞으며 기다리는 데에 익숙해져 가니 말이다. 운동화도 물이 차서 철벅철벅한데 그리 불쾌하지 않다. 노숙자가 되어도 큰 불편은 없을지 모르겠다. 그런 생각이 머리를 스치는 마흔다섯 살의 여름입니다.

드디어 소울라이브의 등장이다. 고맙게도 비가 그쳤다. 예이! 신나게 놀아 주지요.

이번에는 레귤러 세 명에 혼 주자 두 명이 합세, 5인 편성이다. 소울라이브의 CD는 전부 갖고 있다. 모르는 사람을 위해서 설명하자면, 펑키한 오르간 재즈이며 솔풀한 잼 세션이다. 나로서는 지난 몇 년 동안에 가장 좋아한 밴드다.

시작부터 그루브의 향연. 그 사운드에 나에바의 밤공기가 물결친다. 나 역시 이목을 개의치 않고 흔들었다. 기타리스트가 된 기분으로 몸짓을 흉내 내기도 한다. 점점 기분이 고조된다. 이런 거 몇 년 만인지, 거의 기억에 없다. 체면을 중시하는 이 몸, 망아의 경지에 젖는 일이 좀처럼 없습니다. 그런 내가 소리를 지르고 머리를 격렬하게 흔들어 대고 있다.

소울라이브의 음악은 처음이라는 I양도 신나게 춤추고 있다. 오길 잘했죠? 아저씨의 음악 경력, 우습게 봐서는 안 됩니다.

중반에 들어서 '워(War)'의 〈Slippin' into Darkness〉를 연주한다. 이 선곡의 황홀함. 젊은이들이여, 아시는가. 음악은 느끼는 거라지만 지식도 필요하다. 탐구심을 갖고 많이 듣는 것이 중요하다. 그 옛날의 록과 소울도 들어 주시길.

소울라이브는 두 시간 동안 전력을 다해 질주했다. 앙코르 곡으로는 소울의 명곡 〈Tighten Up〉을 연주했다. 대감격. 그들 음악의 뿌리를 확실하게 알았다.

반쯤 넋을 잃은 상태로 그린 스테이지에 돌아왔다. 모두들 뉴 오더에 심취해 있었던 모양이다.

"오쿠다 선생님, 왜 안 보셨어요. 최고였는데."

벌겋게 달아오른 얼굴로 입을 모아 말한다.

"바보. 소울라이브 쪽이 좋았어. 전설의 뮤지션을 못 보다니, 평생 후회할걸."

나도 지지 않고 반격했다.

이런 아옹다옹이 여기저기에서 펼쳐지고 있을 것이다.

긴자 아가씨들 중에서는 Y코 한 명만 남아 있다. 그녀는 낮에는 다른 일을 하는 사람이다. 오전 10시까지만 회사에 나가면 되니까 후지 록을 끝까지 보기로 결심했나 보다. 꽤 열성적인 록 아가씨다.

고단샤의 K씨는 내일 회의가 세 번이나 있다면서도 남아 있다. 좋겠다. 하기야 회사가 뭐라고. 1년에 한 번뿐인 후지 록 페스티벌이다. 일본 전체가 관용을 베풀면 또 어떠하리.

이미 전원이 내년에도 이곳에 오겠노라 결심했다. "내년에는 ○○가 보고 싶다."며 뮤지션의 이름까지 들먹인다.

내가 후지 록에서 보고 싶은 뮤지션은 말이죠…….

'올맨 브라더스 밴드'에 존 포거티, 조 월시, 마크 노플러. 시크한 쪽으로는 피터 울프, 닐스 로프그렌. 펑키한 쪽으로는 '타워 오브 파워', 빌리 프레스톤(분위기 업됩니다요). 그리고 다시 한 번 스티브 윈우드 님. 이 문장을 스매시 관계자 분들이 읽는다면, 꼭 검토 부탁드립니다. 나 혼자서도 아저씨 백 명 정도는 동원할 수 있어요. 장담합니다.

밤 11시 반, 마지막 밴드인 프라이멀 스크림이 무대에 섰다. 이 시간에 3만 명이 산속에서 날뛰고 춤춘다. 나는 지금 여기 있는 모두를 좋아한다. 아하하하. 웃음이 끓어오른다.

로큰롤에 감사. 음악은 내 평생의 친구다.

아직도 주저하시는 로큰롤 아저씨 여러분, 내년에는 꼭 행동에 옮깁시다. 괜찮아요, 외톨이가 아닙니다. 그리고 장소가 넓어서 인간 한 명쯤은 눈에 띄지도 않습니다.

Keep on Rock'n Roll!

그럼 내년에 나에바에서 다시 만나죠.

비트가 대지를 뒤흔들고 있다.

작열하는 만국 박람회
관람 행렬 르포

그렇다면, 아침 7시 신칸센을 타고 씩씩거리며 달려와도

저녁때까지 다 볼 수 없다는 얘기인가? 잠시 아연해진다.

햇살은 가차없이 내리쬐고, 일대는 사우나를 방불케 하는 상태다.

으윽…… 무, 물을 주세요.

나는 긴 행렬을 비웃는다. 그 혼잡스러움을 바보 같은 짓이라 여긴다. 고속도로의 정체 상황을 보도하는 텔레비전 뉴스를 보면서 '대중이란 구제할 길이 없는 생물 같다'고 냉소하는 게 내가 황금연휴나 명절을 보내는 한 방법이다.

평판이 자자한 음식점 앞에 길게 꼬리를 문 줄을 힐금거리다가 "저렇게 줄을 서면서까지 먹고 싶을까."라며 코웃음 치고는 손님이 뜸한 음식점에 들어가 점심을 먹는다. 내가 좋아하는 곳은 비어 있는 장소. 좌우명은 '좋은 사람은 집에 있다'이다. 여행자들이나 미식가 중에는 제대로 된 인간이 없다. 볼일도 없으면서 괜히 나다니지 마라, 잔말 말고 주는 대로 먹어라, 이걸 국가의 캐치프레이즈로 삼고 싶을 정도다.

하지만 그런 나도 행렬의 맨 앞이 궁금하지 않다면 거짓말이다. 호기심과 구경꾼 근성 같은 생명력은 잃어버린 지 오래지만, 시의심만큼은 아직 왕성하다. 내가 모르는 곳에서 재미난 일이 벌어지고 있는 것은 아닐까, 집에만 있어서 턱없이 손해를 보고 있는 것은 아닐까, 속에서 의심이 들끓는다.

　최근 내 의심의 대상은 '사랑·지구 박람회' 즉 아이치(愛知) 만국 박람회다. 당초 도쿄에 사는 사람들은 관심조차 갖지 않았던 행사였다. 어차피 종합 건설업체들이 주도하는, 겉만 번지르르한 행사일 것이라고 신경도 쓰지 않았다. 도대체 '매머드'를 간판 볼거리로 내세운 것부터가 탐탁지 않았다. 우리들 시대의 오사카 만국 박람회(이 몸이 초등학교 5학년 때였습니다) 때는 '월석'이었다. 덕분에 다가올 우주 시대에 대한 꿈이 부풀었다. 그런데 고릿적에 죽은 코끼리의 화석이라니, 인류가 그렇게 퇴보적이어서야 쓰겠는가?

　게다가 전시장도 너무 멀다. '나가쿠테(長久手)'라지. 역사 시간에 전국(戰國) 시대 격전지라고 배웠던 것 같은데, 누구와 누가 싸웠더라…… 기억도 나지 않는다. 요는 전쟁터였던 고장이라는 것이다. 꽃이 흐드러지게 피어 있는 것도 아닐 테고.

　그런데 그런 아이치 만국 박람회가 대성황이란다. 처음에는 입장객 수가 많지 않아 우려의 목소리가 컸는데, 황금연휴가 지나면서 서서히 증가하더니 여름휴가 시즌을 맞이한 지금은 연일 10만을 기록하고 있다. 한번 보고 나서 다시 보는 사람도 많은 듯하다. 뉴스를 보니 '인기 전시관은 여섯 시간을 기다려야 한다'고 시끌시끌하다. 여섯 시간을 기다려? 그 시간이면 괌에라도 가겠다. 아무리 나고야 사람들의 식견이 높다 한들, 이 사태는 예사롭지 않다.

혹시 무슨 재미있는 일이 벌어지고 있는 건 아닐까. 오사카 만국 박람회에 필적하는 국가적 행사라는데, 구경하지 못하면 후회하게 되는 것 아닐까. 매머드가 진짜 굉장한 볼거리인 것은 아닐까. 내 시의심이 전격 가동되기 시작했다.

"그럼, 가 보시죠, 뭐."

그런 말로 내 등을 떠민 것은 담당 편집자 B여사였다. 30대인 그녀는 박람회란 것을 태어나서 한 번도 구경하지 않았다고 한다.

"각 출판사에 의향을 물어볼게요."

B여사가 메일로 연락을 취하자 기특한 편집자들 몇 명이 손을 들고 나섰다. 물론 "안 오면 앞으로는 본 척도 안 하겠다."고 내가 엄포를 놓긴 했지만. 아이치 만국 박람회, 실상은 어떠할지. 어른들의 별난 원정대, 유독 무덥고 혼잡할 8월 중순을 일부러 택해 서쪽으로 향했다.

오전 7시 13분, 도쿄발 노조미 5호. 오직 집합 시간 때문에 막판에 취소해 버릴까 생각했던 나, 간신히 기차를 얻어 탔다. 일기 예보에 따르면 오늘 나고야의 날씨는 쾌청하고 예상 최고 기온은 37도란다. 나고야의 한여름 더위가 어떤

지, 이웃 현에 살았던 나는 잘 알고 있다. 기름기 줄줄 흐르는 뚱보 백인과 밀어내기 게임이라도 벌이는 것처럼 습기가 온몸을 끈끈하게 휘감고, 땅에서는 마치 지하 인간이 땅속에서 불이라도 지피는 것처럼 열기가 활활 올라온다. 오늘도 먹기 좋게 삶길 것 같다. 목을 타고 내려가는 맥주 맛이야 한결 더하겠지만.

오전 8시 57분, 나고야 역에 도착. 전철로 갈아타고 40분쯤 걸리는 야쿠사(八草) 역으로. 여기서 다시 아이치 만국박람회의 또 다른 화젯거리인 '리니모(리니어 모터 카. 자기 부상 열차—옮긴이)'를 타고 전시장으로 이동할 예정이다. 벌써부터 사람들이 길게 줄 서 있다. 안전상의 이유로 플랫폼 입장을 제한하기 때문에 계단에서 기다려야 하는 것이다. 어른은 우리 일행밖에 없고 아이들이 재잘재잘 시끄럽다. 젊은(이라기보다 어린) 연인들은 아침부터 사랑의 확인에 여념이 없다. 아아, 후덥지근하다. 사람이 모인다는 것은 이런 것이다.

리니모는 미끄러지듯 레일 위를 달렸다. 이렇게 큰 차량이 떠서 달린다니, 정말 신기하다. 그러고 보니 중학생 때 여름 방학 자유 연구 과제에서 리니어 모터 카 모형을 만든 우등생이 금상을 탔었다. 공부는 잘해도 왠지 얄미운 녀석이었는데. 그로부터 30여 년이 지난 지금, 전기와 자석으로 움직이는 열차는 현실이 되었다.

어렸을 적 공상 속에서 꿈꾸었던 미래가 현실에서 꽤 많이 실현되고 있다. 벽걸이 텔레비전, 휴대 전화(무선 전화), 캠코더 등등. 자동 세정 변기와 인터넷은 상상도 못했던 것들이다. 이다음 만국 박람회에서는 로봇이 빙수를 만들 것인가.

리니모도 만원이었다. 으음, 거의 출퇴근 전철 수준이다. 아무리 최신 기술의 결정체라도 그렇지, 서서 가야 하는 불편함을 감수해야 하는 것은 아이러니다. 사람은 완행열차라도 상관없으니 앉고 싶어 하는 법이다.

오전 11시, 간신히 나가쿠테 전시장에 도착. 10시 도착을 계획했던 우리 일행은 벌써부터 말수가 적어진다. 우선은 매머드를 보자 싶어 안내 지도를 따라 '글로벌 하우스'라는 전시관으로 갔다. 그런데 그곳 역시 사람들로 넘쳐났다. 게다가 들어가려면 대기표가 필요하단다. 이번에는 대기표를 받기 위해 줄을 선다. 성공적으로 입수한 대기표를 보니 우리가 입장할 수 있는 시간은 오후 2시 40분부터였다.

맥이 쫙 풀린다. 앞으로 세 시간 반 후다. 혼자였다면 미련 없이 돌아섰겠지만 이번에는 단체다. 가자고 꼬드긴 체면도 있다. 게다가 매머드 정도는 보고 가야 말발이 선다. 어쩔 수 없이 다른 데를 구경하며 시간을 보내기로 했다.

그럼 기업 전시관이라도 견학할까요. 로봇도 보고, 영상 체험도 하고, 전시물이 다양하게 많은 것 같던데. 지글지글 타는 태양 아래 걸어서 가 보니 '기업 존'에도 사람들이 장사진을 치고 있었다. 땅에 철퍼덕 주저앉아 똬리라도 틀 기세다.

모두들 입이 쩍 벌어진다. 대체 여기는 몇 시간을 기다려야 볼 수 있는 거야. 조사차 달려간 B여사, 각 전시관 모두 관람 대기표가 필요하단다. 게다가 입간판에는 다음 대기표를 배부하는 시간이 14시라고 적혀 있다는데. 도요타관이 그렇고, 히타치관은 대기표도 이미 다 배부되었단다. 9시 개장과 동시에 사람들이 와 몰려가 대기표를 탈취하는 시스템인 듯하다. 오후 5시부터는 대기표 없이 선착순으로 입장할 수 있다지만, 그래 봐야 줄서기는 면할 수 없다.

그렇다면, 아침 7시 신칸센을 타고 씩씩거리며 달려와도 저녁때까지 다 볼 수 없다는 얘기인가? 잠시 아연해진다. 햇살은 가차없이 내리쬐고, 일대는 사우나를 방불케 하는 상태다. 으윽…… 무, 물을 주세요.

나중에 조사해 보니(그야말로 소 잃고 외양간 고치기다) 기업 전시관은 인터넷을 통해 전체 관람객 수의 20퍼센트 선에서 사전 예약을 할 수 있는데, 경쟁률이 장난이 아니어서 예약하기가 하늘의 별 따기였다.

그러니까 인기 있는 기업 전시관을 구경하고 싶으면 아침 일찍부터 줄을 서든지 오후 늦게 다시 오든지 하라는 뜻이다.

주최자 측도 바보는 아니니 혼란을 피하기 위해서는 그게 최선의 방법일 것이다. 다만 35년 전 오사카 만국 박람회 때처럼 '일단 가서 줄을 서 보는' 목가적인 마인드로는 아무것도 볼 수 없다는 얘기다. 어째 내가 촌뜨기처럼 느껴진다.

대체 뭔 소리야. 아이들도 아니고, 기업이 만든 로봇 따위 안 보면 어때서. 만국 박람회라고. 주역은 참가국이지, 암. 다들, 그렇지 않나?

"그렇죠."

대원들, 시큰둥한 표정으로 고개를 끄덕인다.

그래서 아시아 각국의 전시관을 돌아보기로 했다. 물론 이곳에도 사람들이 줄은 서 있지만, 규모는 귀여운 정도다. 가장 썰렁해 보이는 예멘관에 들어갔다. 입구에 붙어 있는 간판에 눈살이 찌푸려진다. 손으로 쓴 페인트 글씨. 고등학교 축제 수준의 풍정이다. 과연 뭘 전시해 놓았을까 했더니, 액세서리 매장이다.

가부키초 거리의 노점상이나 진배없다. 가무잡잡한 예멘 청년이 일본인 여자의 손을 잡고서 돌과 은으로 세공한 목걸이와 팔찌를 권하고 있다. 한 손에는 전자계산기.

"아주 잘 어울려요."

"최저 가격."

그런 달콤한 유혹의 목소리가 여기저기서 들린다. 그런데다 에어컨도 없다. 콘셉트는 '사누아(세계에서 가장 오래된 마천루 도시)의 재현'이라는데, 음. 여기는 대체…….

"만국 박람회가 뭐 이래요?"

예멘 청년에게 손을 잡힌 B여사.

아니죠, 조금만 더 기다려 봐요. 판단은 그때 가서 해도 늦지 않으니.

예멘관과 마주하고 있는 인도관을 밖에서 넌지시 들여다본다. 카레 냄새가 풍풍 풍겼다. 인도관은 레스토랑에 주력하고 있는 듯하다. 파키스탄관도 기념품 판매에 여념이 없다. 마치 아시아 물산 전시회 같다. 새삼스레 휘돌아보니, 아시아 존 건물은 모두 조립식이었다. '간이 건물'이라는 느낌이 꽉꽉 온다. 만국 박람회가 이런 거였나? 나도 자신이 없어진다.

뭐 그렇다 치고, 슬슬 밥 먹을 시간이다. 맥주도 마시고 싶다. 내 뒤를 따르라. 뛰어다니는 아이들 사이를 헤치고 식당가로 간다.

어디나 만석이었다. 그리고 당연히 긴 행렬. 통로와 계단 그늘에 사람들이 쭈그리고 앉아 있어 마치 난민 캠프 같은 양상이다(실례되는 말이지만). 게다가 시끄럽다. 에잇, 기다리는 시간이 가장 짧은 가게를 찾아라. 젊은 대원을 시켜 탐색해 오라 했더니, 맥주 가든의 에어컨 없는 테라스석에는 바로 들어갈 수 있단다. 거기라도 어딥니까. 어디든 상관없으니까 의자에 앉고 싶다.

 뜨뜻미지근한 공기로 가득한 테라스석에서 런치. 바람이 한 점도 불지 않아 땀이 좀처럼 잦아들지 않는다. 모처럼 나고야 문화권에 왔으니 된장 소스 커틀릿 세트를 주문한다. 한입 베어 무니, 고기가 로스가 아니라 햄버그다. 그런데 1,500엔. 마음에 드는 것이라곤 시원한 맥주밖에 없다.

 점심을 먹은 후에는 로프웨이(어른 600엔입니다)를 타고 전시장을 횡단했다. 공중에서 내려다보니 전시장의 크기가 놀라웠다. 나무와 물, 자연도 풍요롭다. 아이치 만국 박람회의 테마는 '자연의 예지'. 흐음. 숲 속에는 '자연 학교'라는 것도 있다. 팸플릿에 '18시 폐교'라고 되어 있는 것으로 보아 주간 체험 코스인가 보다. 이렇게 찌는 날에, 제정신이 아니다. 뭐, 내가 상관할 바 아니지만.

 약 3분 동안의 공중 산책 후에 전시장 남쪽에 있는 유럽 존에 도착했다. 여기는 아시아 존과 좀 다르겠지. 국력도 있고, 선진국으로서의 체통도 있으니. 먼저 러시아관으로 향했다. 35년 전에는 두 시간을 기다려 소련관을 견학했다.

미국과 우주 개발을 놓고 경쟁이 한창이던 때였다. 전시된 실물 로켓을 보고는 크게 놀랐던 기억이 난다.

그런데, 들어가 보니 어깨에서 힘이 쭉 빠진다. 매머드의 골격과 우주 왕복선 모형이 주 전시물인데, 뭐랄까, 허접하다. 특히 겉모양만 그럴싸한 우주 왕복선에는 실망이 컸다. 이거 나무로 만든 건가? 영화 세트로도 못 쓸 조잡한 엉터리였다. 국력을 과시하는 데 목숨을 걸었던 러시아의 혼은 어디로 간 것인가.

"오사카 만국 박람회 때도 이랬나요?"

그렇게 묻는 B여사.

무슨 소리, 이건 뭐가 잘못됐다. 영국관으로 발길을 돌린다. 소박한 정원이었다.

다음은 벨기에관. 예술 작품이 전시되어 있고, 한편에서는 맥주와 초콜릿을 팔고 있다. 유럽 존도 건물은 모두 조립식이었다. 으음, '인류의 진보와 진화'를 캐치프레이즈로 내세운 오사카 박람회 때와는 분위기가 사뭇 다른 듯하다. 요컨대 이 만국 박람회, 각국에 공간을 제공하고 '뭐든 출품을 하시지요.'라고 부탁해서 성립된 것일까. 각국이 억지로 들러리를 서고 있다는 느낌이 강하다.

그러나 냉정하게 생각해 보면 35년 전이 이상했는지도 모르겠다. 만국 박람회가 마치 올림픽과 동등한 세계적 행사인 것처럼 선전되었고, 온 나라가 떠들썩했다. 경제 성장을 이룬 일본의 국가적 사업이라고 남녀노소가 성공을 기원했다. 지금은 그런 무구한 시대가 이미 아니다. 과학도 이제 선망의 대상이 아니다. 모든 것이 충분히 풍요하다.

지독한 더위에 모두가 찍 늘어졌다. 나무 그늘에서 쉬고 있는데, 옆에서 꼬맹이 형제가 싸우기 시작했다. 무심히 바라보는데 "으앙!" 요란하게 울음을 터뜨린다. 매미도 정신 사납게 울어 대고 있다.

아무튼 몸이라도 좀 식히자 싶어 빙수를 먹으려고 또 줄을 선다. 시럽은 셀프서비스다. 아이들 몇이 딸기 시럽 병을 들고 싸우면서 손에서 놓지 않는다.

"아저씨도 딸기 시럽 먹고 싶은데, 좀 줄래?"

그렇게 부탁했지만, 싹 무시당했다. 그 아이들이 또 싸운다. 할 수 없이 멜론 시럽을 뿌렸다.

오후 2시 10분, 매머드를 보기 위해 글로벌 하우스의 집합 장소로 걸음을 옮겼다. 또 꼬리에 꼬리를 문 긴 줄. 지붕은 있는데 바람이 불지 않아 수백 명분의 체온이 고여 있다. 으윽. 누구야, 대체. 매머드를 보자고 한 사람이. 나라고요? 아, 미안.

시간이 되어 전시장으로 들어간다. 아, 시원하다. 오랜만에 에어컨 공기를 쐰다. 줄을 따라 널찍한 홀로 들어가 거대한 스크린(가로 50미터, 세로 10미터)과 마주한다. 자연과 인류를 테마로 한 영화가 상영되었다. 오호. 그 박력에 압도되었다. 이제야 만국 박람회를 만끽하는 기분이 든다. 소니가 제작한 스크린인 듯하다. 과연 기업의 힘이 느껴진다. 대원들, 어때, 오길 잘했지?(몇 명은 꾸벅꾸벅 졸고 있었다)

그리고 드디어 '매머드 랩(laboratory)' 앞으로 전진. 매머드는 전면이 유리인 냉장실 안에 있고, 관객이 움직이는 보도를 타고 그 앞을 지나가는 시스템이다. 내 바로 앞에는 여든 살 정도 된 할머니가 있었다. 가족의 손을 잡고서 긴장한 표정으로 행렬이 나아가기를 기다리고 있다. '마지막 길 떠나기 전에 매머드를 보고 싶다.'는 말이라도 한 걸까. 그녀의 거동이 편치 않다는 것을 한눈에 알 수 있었다.

"저, 어머니."

아들인 듯한 중년 남자가 채근하자, 할머니가 움직이는 보도에 발을 올려놓았다. 천천히 이동한다. 매머드의 머리가 나타나자 할머니가 몸을 앞으로 쑤욱 내민다. 유리에 달라붙을 듯 매머드 시신을 보고 있다. 나는 매머드는 제쳐 놓고 할머니의 옆얼굴만 훔쳐보았다. 귀엽기도 하고, 애처롭기도 하다. 매머드, 보셔서 좋으셨나요? 아무쪼록 오래오래 사세요. 오늘의 가장 인상적인 장면이었다.

그래서 매머드, 기억에 별로 없습니다. 이 몸, 대체 뭐하러 온 건지요.

뭘 하든 어떻습니까. 또 맥주다. 오후 4시, 휴게소에서 맥주를 마신다. 옆 테이블에 지쳐 늘어진 가족이 있었다. 잠든 아이를 무릎에 안고서 엄마가 힘겨운 표정으로 한숨을 쉬고 있다. 바로 뒤에서는 껄렁껄렁해 보이는 커플이 서로에게 말도 걸지 않고 휴대 전화만 만지작거리고 있다. 실로 나른하고 미적지근한 만국 박람회다.

그러고 보니 외국인 손님은 별로 눈에 띄지 않는다. 거의 모두가 일본 사람. 이 만국 박람회, 외국에서는 알기나 할까.

"5시부터 선착순 입장이라는데 줄 설까요? 기업 전시관을 한 군데 정도는 볼 수 있을 것 같은데."

B여사가 그렇게 말했지만, 싫다. 배는 침몰할지언정, 구명보트에 탈 차례조차 기다리고 싶지 않다. 당분간 줄은 절대 서고 싶지 않은 심정이다. 그보다 나고야 돔에 가고 싶다(이 몸, 주니치 팬입니다). 오늘은 주니치와 한신의 순위 결승전 첫 경기가 있는 날이다. 대원들이여, 나를 따르라. 이날을 선택한 이유를 알겠는가, 우하하하.

"이제 가는 겁니까?"

다들 도쿄로 돌아가고 싶어 하는 눈치다.

결국 아이치 만국 박람회가 왜 성황인지도 모른 채, 어른 원정대, 다리를 질질 끌면서 전시장을 뒤로했다. 중부 지방에는 매머드 팬이 많다고 치고, 그럼.

세계 최고의 롤러코스터
'좋잖아요' 절규 체험기

찰칵.

꼼짝도 할 수 없다. 목도 돌아가지 않는다.

심박 수가 껑충 뛰어오른다. 아아아아아. 패닉의 극치.

구웅, 바닥이 내려간다.

마치 선더보드 2호의 이륙 장면 같다.

철커덕 하는 소리가 나면서 좌석이 뒤로 기운다.

그 자세로 롤러코스터 출발! 언덕을 올라가기 시작했다.

사, 사, 살려, 주, 주세요.

사람은 언제까지 스스로를 젊다고 생각하는가. 현역 의식과는 언제쯤 결별해야 하는가. 오늘따라 유독 감상적이다. 낙엽의 계절이라 그런가.

내가 소설가가 된 지도 9년이 됐다. 동년배 편집자들은 대부분 중간 관리직에 올라 현장을 떠났다. 모두들 명실상부한 중년이다. 사회의 중견이란 그 위치가 참 애매하다. 뒤로 나앉기는 이르지만 그렇다고 젊은이인 척하기도 애처롭다. 내게는 실행에 옮기기 주저되는 일들이 이미 많다. 길거리에서 여자를 낚는 것도 그렇고, 클럽에서 춤추는 것도 그렇다. 놀이공원에서 롤러코스터를 타는 것도.

그렇다, 롤러코스터다. 이 여름, 후지큐 하이랜드에 새 롤러코스터가 등장했다는 뉴스를 봤다. 그런데 그 롤러코스터의 회전수가 세계 최고라고 한다. 기네스북에도 오른 모양이다. 최고 시속 126킬로미터. 지상 최고 높이 76미터. 제작비 36억 엔. 화면으로 보기만 했는데도 굉장한 기계라는 느낌이 들었다. 체험자들은 정신이 얼얼한 상태로 "믿을 수 없다."를 연발했다. 그 이름은 '좋잖아요'. 이름도 일품이다.

 사람을 의자에 앉혀 놓고 종횡무진 달리는 기계의 영상을 보면서 나는 멍하니 생각했다. 앞으로 내게 롤러코스터를 탈 기회가 있을까. 롤러코스터를 마지막 탄 게 벌써 25년 전의 일이다. 그렇게 과격한 놀이 기구이니만큼 틀림없이 나이 제한도 있을 것이다. 마흔여섯 살 11개월에 탑승을 거부당하는 일은 없겠지만, 세월 참 빠르다. 게다가 나이를 한 살씩 먹을 때마다 실행에 옮기기가 점점 어려워진다. 갖가지 타임 리미트가 다가오고 있다. 이미 젊지 않다는 것은 그런 것이다.

 아, '좋잖아요'를 타 보고 싶다. 타서 어떻게 되든 돼 버리고 싶다. 나는 편집자 앞에서 아련한 눈길로 그렇게 중얼거렸다.

 "그럼 타러 가시죠. '어른 원정대' 2탄, 발동하죠, 뭐."

 그렇게 별일 아닌 것처럼 말한 사람은 내 담당 편집자 B여사였다.

 "이번에도 각 출판사에 연락할게요. 버스도 전세 내고요."

 B여사 행동도 빠르지, 당장에 총 인원 13명의 원정대가 결성되었다. 태양이 이글거리는 날 사람들이 복작거리는 아이치 만국 박람회에 갔을 때보다 참가 인원이 배 이상 늘었

다. K출판사에서는 부장들이 너도나도 가겠노라고 나섰다. 중년들이 회사에서 바쁜 것인지 한가한 것인지 모르겠다.

아무튼 어른 원정대를 태운 버스, 수치와 체면을 잠시 뒷전으로 하고 후지큐 하이랜드로 향했습니다. 한 명은 숙취 때문에 버스를 놓치고 다른 한 명은 도중에 차멀미를 하는 등 드라마틱했지만요.

신주쿠에서 약 90분, 가와구치 호(湖) 인터체인지를 빠져나오면 코앞에 있는 후지큐 하이랜드에 도착. 평일인데도 사람이 제법 많았다. 대부분 이십 대를 전후한 젊은이들이고, 클럽에서 단체로 여행 왔나 싶은 여자들도 꽤 있다. 나는 처음 와 보는데, 디즈니랜드와는 분위기가 사뭇 다르다. 서민적인 테마 파크 같다는 인상.

도착하자마자 '좋잖아요'를 타기는 벅차니까 일단 워밍업도 할 겸 다른 롤러코스터를 타기로 했다. 입구에서 가장 가까운 곳에 있는 '킹 오브 코스터 후지야마'에 가 보니 벌써 사람들이 길게 늘어서 있다. 한 시간은 기다려야 한단다.

으음. 아침 9시에 모여 헐레벌떡 왔는데 이렇다니. 다른 놀이 기구들도 비슷한 상황이라서 할 수 없이 줄을 서기로 했다. 그러고는 무심히 하얀 철골 건조물을 올려다보았는데, 이게 보통 롤러코스터가 아니다. 뭐랄까, 유난히 거대하다.

상공에서 들려오는 비명 소리도 예사롭지 않다. B여사 왈.

"오쿠다 선생님, '좋잖아요'가 등장하기 전까지는 이 롤러코스터가 일본에서 가장 겁나는 거였다는데요."

그런 말은 진즉에 했어야지. 그렇다면 우리가 '넘버 2'를 체험한다는 말인가? 기다리는 통로에 울리는 안내 방송을 듣자니 '후지야마'는 높낮이의 차와 주행 거리가 세계 최대를 자랑한단다. 게다가 제작비는 30억 엔이라고. 허억. 대원 모두의 얼굴에서 핏기가 가신다.

"괜찮습니다. 무슨 걱정을 그리합니까."

K출판사의 S부장이 여유로운 목소리로 말한다. 다만, 평소 S부장의 말을 그대로 믿는 사람은 없다.

안내판에 '10세~54세까지'라고 연령을 제한하는 글귀도 적혀 있다. 대원 일동 그 글귀에 충격을 받는다. 회사에 가면 쉰다섯 살이 넘는 상사가 널렸는데.

"그렇구나. 여러 사람 못 타겠네."

여자 대원이 한숨을 쉰다.

게이트를 10미터 정도 남겨 놓은 시점에 F대원이 하얗게 질린 얼굴로 티켓을 잃어버렸다면서 줄에서 빠지려 했다.

"도망칠 속셈이지?"

하며 일제히 비난. 모두 힘을 합해 그의 두 팔을 잡고 주머니를 뒤져 보니 티켓이 나온다. 이게 다 큰 어른이 할 짓이야?

긴장 속에 기다림의 시간이 끝나고 드디어 탈 차례가 왔다. 소지품을 사물함에 집어넣고 각자 올라탄다. 어떻게든 되겠지, 뭐. 안전바를 무릎 위로 내리고 안내원 아가씨와 하이파이브. 롤러코스터가 덜커덩덜커덩 올라가기 시작한다.

10미터, 40미터……, 어라, 제법 높은데. 60미터, 70미터. 말도 안 돼, 20층짜리 빌딩 높이 아냐. 아래를 본다. 핏기가 싹 가신다. 보는 게 아니었다.

몸이 수직으로 휙 선다 싶더니 다음 순간, 낙하에 들어갔다. 거꾸로 매달린 꼴. 엉덩이가 붕 뜬다. 꺄악! 뭐야, 이거. 시야에 보이는 것은 레일과 땅뿐. 아니, 일본에서 이런 게 허용된단 말이야.

아래까지 내려갔다가 엄청난 각도로 다시 상승.

"꺅! 다리에 쥐 났어."

뒷자리에 앉은 유부녀 대원이 절규한다.

이 몸은 충격에 입도 벙긋하지 못한다. 으아아아악! 그저 안전바만 부여잡고 있을 뿐이다.

앞에 있는 S부장이 돌아보았다.

"오쿠다 선생님, 꽤 재미있는데요."

당신, 체질이 의심스럽군. 이런 상황에서 말이 나오다니.

다시 꼭대기까지 올라가자 이번에는 U 자 코스. 롤러코스터가 통째로 옆으로 눕는다. 꺄아아악. 뭐가 뭔지 알 수가 없다. 다시 낙하, 다시 옆으로, 좌우로 흔들리다 다시 옆으로. 후회된다. 오는 게 아니었어.

약 3분 동안의 승차가 끝나고 플랫폼으로 돌아오자 내심 안도한다. 이 몸, 이런 절규 머신을 우습게 여겼습니다, 라고 할까, 아니 아무 생각도 없었습니다. 기겁한 대원 한 명이 기다시피 밖으로 나온다. 비명도 한숨 소리도 아닌 소리를 내며 다들 넋이 빠진 상태다. 나이 제한이 불가피하다는 의견에 전원이 동의했다. 쉰다섯 살 이상의 아저씨들, 분해하실 것 없습니다. 이거, 그저 무모한 행위일 뿐이에요.

"나, '좋잖아요'는 사양할래요."

낯빛이 하얀 B여사. 그러시죠, 그럼.

"나도 패스."

E대원과 Y대원도 동참. 자네들, 남자 아닌가. 겁쟁이 형제라고 부를 거야. 그래도 좋아? 하지만 나는 너그럽게 봐주기로 했다. 왜냐, 나 자신이 벌써 돌아가고 싶었으니까. 누구야, 후지큐 하이랜드에 가자고 한 사람이. 나라고요?

마음이 그래서인지 하늘에도 먹구름이 몰려온다.

모두 '후지야마'의 충격을 떨어내지 못한 채, 점심을 먹기 전에 '좋잖아요'를 견학하기로 했다. 뒤쪽에 있는 빨간 레일은 보지 않으려 해도 절로 눈에 띄었다. 그 위용이 마치 미쳐 날뛰는 구렁이 같은 양상이다. '좋잖아요'가 달려왔을 때는 다들 못 볼 것을 봤다는 표정이었다. 그 속도하며 회전 각도하며, '후지야마'와 비교할 수준이 아니었다. 게다가 다리는 공중에서 덜렁거리고, 좌석은 앞뒤로 회전한다.

아, 싫다, 싫어. 저걸 만든 작자는 악마다.

"가볍게 하나 더 타고 점심을 먹죠."

S부장의 제안에 바로 근처에 있는 '레드 타워'를 타기로 했다. 이 기구는 의자에 앉은 채 타워에 올랐다가 수직 낙하하는 자이로드롭이다.

"오쿠다 선생님, 꼭대기에 올라가면 카메라를 향해서 손을 흔드셔야 해요."

B여사의 주문을 들으며 투덜투덜 올라탄다. 그나마 이건 좀 괜찮겠지. 안전바로 상반신을 고정하자마자 쑥쑥 올라간다.

안이했다. 다리가 덜렁거려 굉장히 무섭다. 아래를 볼 수가 없다. 안전바에서 손을 뗄 수 없으니 손을 흔들 수도 없다. 새삼 알았다. 나는 고소 공포증이 있다. 그러고 보니 아파트 16층에 살면서 베란다에는 거의 나가 보지 않았다.

휘잉 낙하해서는 두세 번을 짧게 오르락내리락하다 땅에 내려선다.

"오쿠다 선생님, 꼭대기에서 벌벌 떠시던데요."

대원들이 대놓고 나를 놀려 댄다.

시끄러워. 하지만 화낼 기분이 아니다. 나는 나 자신에게 실망했다. 내가 이렇게 유약한 사람이었나.

점심 먹는 테이블의 분위기가 무거웠다. 앞으로 타야 할 '좋잖아요'를 생각하면 아무도 웃고 떠들 수가 없는 것이다. 나는 마음속으로 중지를 꾀하고 있었다. 이쯤에서 그만 돌아갈 수 없을까. 타기 직전에 겁에 질려 포기하고 말았다고 원고를 쓰는 것으로 끝내면 안 될까. 나중에 듣자 하니 대원들 역시 여기서 포기하면 오쿠다 선생님이 조롱하지 않을까 하고 갈등한 모양이다. 말하지 그랬어. 기꺼이 용서했을 텐데.

오가는 대화도 시들하고 입맛도 없어 모두들 점심을 남겼다. 싹 해치운 사람은 S부장뿐이었다(당치 않게 와인도 반병이나 비웁디다).

시간은 무정하게 흐른다. 점심을 먹고 밖에 나와 '좋잖아요' 앞에 가 보니 두 시간 반을 기다려야 한단다. 이제 줄을 서고 타는 수밖에 다른 선택의 여지가 없다. 출판사 돈으로 버스까지 전세 낸 마당에 '역시 안 되겠다'는 통하지 않는다. 나는 책임감이 강한 남자다. 마음은 약해도.

어른 원정대 9명이 줄 끄트머리에 붙었다. 뛴다. 줄 선 사람들의 80퍼센트가 스무 살 전후의 젊은이들이고 서른 이상은 어쩌다 한두 명 보일 뿐이다. 어른들이여, 뭘 하고 계시는가. 일하시는가. 미안합니다, 평일 대낮에 이러고 있어서.

차례를 기다리는 줄이 '좋잖아요'의 코스 한가운데에 있어서 어쩔 수 없이 전경을 바라보게 된다. 정원이 스무 명인 롤러코스터가 역방향으로 출발한다. 고도 76미터의 언덕을 체인이 끌어 올린다. 꼭대기에서 낮은 구릉을 덜커덩 덜커덩 두 번 넘어가면 좌석이 앞으로 기울면서 아래로 향하는 꼴이 된다. 89도 각도로 공중에 매달려 떨어진다. 몸이 회전하는 상태에서 대형 원을 돌고 나면 지면 가까이까지 활강, 그다음 오를 때에는 360도로 꼬이는 회전이 기다리고 있다.

보면 볼수록 끔찍하다. 비명 소리는 거의 들리지 않는다. 아마도 다들 이를 악물고 있어서일 게다. 정말 누가 이런 놀이 기구를 고안했는지, 제정신이 아니다. NASA의 훈련도 이렇게까지 가혹하지는 않을 것이다.

"이거, 오락이라고 할 수 있습니까?"

대원 한 명이 지당한 질문을 한다. 동감이다. 인간은 왜 돈을 쓰면서까지 공포에 몸을 내맡기려 하는가. 내놔, 내 돈.

대화가 끊기자 다들 한숨을 내쉰다.

"죽는 것도 아닌데, 뭐."

그렇게 서로를 격려한다.

"심장마비로 죽는 경우도 있는 것 같던데요."

그 와중에 이런 소리를 하는 바보가 있어 기분이 착 가라앉는다. 유부녀 대원 두 명은 정말이지 우울해 보였다. 그런데도 여기서 포기하면 스스로에게 졌다는 기분이 들 거라는 갸륵한 소리를 하면서 다가올 공포를 견디고 있다. 피부 건강에 나쁠 것 같다.

말이 나온 김에, 적을 앞에 두고 도망친 겁쟁이 형제는 이때 뭘 하고 있었느냐 하면, '햄스터 왕국'에서 '햄 타로 둥실둥실 하늘의 대모험'이라는 아동용 롤러코스터를 나란히 타고 있었다. 중년 남자 둘의 기이한 모습에 밑에서 '호모 커플'이라고 손가락질하는 사람이 있었다는군요. 크헉.

드디어 역사에 들어가 계단을 올라간다. 앞으로 30분. 다리가 후들후들 떨린다. 목은 바짝바짝 타 들어가고 오줌이 마렵다. 긴장한 탓에 마려운 것이니 화장실에 가 본들 찔끔 지리기나 할 것이다.

통로의 마지막 계단에 올라선다. 다음다음 차례쯤 될까. 플랫폼이 보이는 위치까지 왔다. 좌석에 앉아 있는 손님들의 얼굴이 하얗게 질려 있다. 하기야 누군들 저걸 앞에 두고 안 질리겠어. 뭐, 돌아온 롤러코스터라고? 웃는 얼굴은 아무도 없다. 그 정도로 무서웠다는 건가? 아, 싫다, 싫어.

그리고 드디어 내 차례가 왔다. 차오르는 압박감. 안경을 벗고, 겉옷을 벗는다. 대원들의 얼굴이 모두 상기되어 있다. 안내원이 시키는 대로 한다. 바지도 벗으라면 벗을 기세다.

좌석에 앉는다. 아니, 끼운다는 게 맞을 것이다. 안내원이 다가와 안전띠를 조이고 안전바를 잡아당겨 고정시킨다. 찰칵. 꼼짝도 할 수 없다. 목도 돌아가지 않는다. 심박 수가 껑충 뛰어오른다. 아아아아. 패닉의 극치. 구웅, 바닥이 내려간다. 마치 선더보드 2호의 이륙 장면 같다. 철커덕하는 소리가 나면서 좌석이 뒤로 기운다. 그 자세로 롤러코스터 출발! 언덕을 올라가기 시작했다. 사, 사, 살려, 주, 주세요. 도마에 오른 생선의 기분을 알겠다. 이런 우울함은 중학 시절에 불량소년들에게 체육관 뒤로 불려 나간 후로 처음이다. 옆에서 여자 대원이 "안 돼, 안 돼." 하고 헛소리를 내뱉는다. 거의 우는 소리다.

꼭대기에 도달한 후 덜컹덜컹 구릉을 넘었다. 다음 순간, 좌석이 앞으로 돌았다. 76미터 아래 지면이 눈으로 날아든다. 몸을 지탱하고 있는 것은 안전바뿐. 머릿속이 하얘진다. 나도 모르게 눈을 질끈 감았다.

낙하. 굉음. 폭풍. 충격. 몸이 붕 뜬다. 짓눌린다. 뭐가 뭔지 모르겠다.

오른쪽으로 날고, 왼쪽으로 날고, 내동댕이쳐지고, 공중으로 휙 내던져지기 직전에 슬쩍 비켜간다.

눈을 꼭 감고 이를 악문다. 암흑의 세계. 온 힘을 다해 안전바를 부여잡는다. 그것밖에는 할 수 있는 게 없다.

인간이 어쩌다 이런 놀이 기구를 생각해 냈지. 머리가 좋은 건지 나쁜 건지. 사디스트인지 마조히스트인지. 후지큐 하이랜드 바보, 멍청이, 얼간이, 천치.

아무런 판단도 할 수 없는 상태에서 코스터에 브레이크가 걸렸다. 역사 바로 앞에서 일단 정지. 눈을 뜨니 회색 하늘이 보였다. 아, 끝났다. 무사히 귀환했다. 온몸에서 힘이 쭉 빠진다. 다행이다, 다행이야.

플랫폼에서 해방되자 대원 일동 흥분한 상태에서 서로를 포옹했다.

"너무 싫어."

"두 번 다시 안 탈 거야."

다들 그렇게 한마디씩 한다. 나도 마찬가지. 한 번이면 충분하다. 무릎의 떨림이 멈추지 않는다.

다시 생각해 봐도 정말 무서웠다. 오락의 범주를 완전히 벗어나 있다. 킹콩의 손아귀에 목덜미를 잡혀 공중에서 2분간 휘둘린 것 같은 느낌이다. 이거, 일종의 고문 아닌가요.

대원들이 입을 모아 그 끔찍한 공포감을 얘기하는데, 다들 눈을 꾹 감고 있었던 모양이다. 오금이 저리도록 무서웠지만 무슨 일이 있었는지는 모른다는 게 중론.

"나는 뜨고 있었는데."

그렇게 주장한 사람은 S부장. 아, 그래요, 그렇다면 증거를 보여 주시지요. 그래서 역사 내에 있는 사진 판매 부스(코스 중에 촬영 포인트가 있어 승객의 얼굴이 찍힌다)에 가 보았더니 S부장 눈을 아주 꽉 감고 있다. 푸하하하.

밖으로 나와 '좋잖아요'의 전모를 새삼스럽게 바라보았다. 저런 걸 용케 탔지 싶다. 나를 칭찬해 주고 싶어진다.

"나를 칭찬하는 의미로 뭐라도 사고 싶네."

유부녀 대원 두 명의 발언이다. 핸드백이든 옷이든 마음껏 사시지요.

한편, 자신의 무력함을 알게 된 것도 사실이다. 나는 완전히 농락당했다. '좋잖아요' 앞에서 인간은 아무것도 아니었다. 그저 일개의 연약한 존재일 뿐.

다시금 겸허해지고 싶은 사람이라면 쉰다섯 살이 되기 전에 '좋잖아요'를 체험해 보는 것은 어떨지. 폭포수를 맞는 것보다 효과 있습디다. 흥분감 최고예요. 동지들끼리 연대감도 깊어지고.

그러고 보니 쉰두 살 아베 총리의 별장이 가와구치 호 근처에 있다던데. 총리, 가까운 곳에 계시는군요. '좋잖아요'

가 기다리고 있습니다.

시코쿠 섬 88 사찰 순례,
그리고 우동

참배를 끝내고 경납장에 도장과 묵서를 받는다.

벌써 6페이지. 우히히, 신나는 도장 모으기.

다음 절까지는 도보로 약 5킬로미터 거리다. 어제는 날씨가

그렇게 우중충하더니 오늘은 하늘이 맑게 갰다.

그런데 바람이 세다. 차가운 강바람이 앞에서 쌩쌩 불어온다.

주위가 온통 논이라서 바람을 막아 줄 게 없다. 이건 좀.

뭐가 아쉬워서 이런 생고생을 하나.

아니지, 수행이라고 생각하시게. 오늘의 이 차가운 맞바람이

언젠가는 소설의 소재가 되어 돌아올 것이야.

걸작 탄생, 잇달아 증쇄, 그렇게 믿고 싶다.

"가가와에 우동 드시러 가지 않을래요?"

옥구슬이 구르는 듯한 목소리로 그렇게 물은 사람은 분게 이슌쥬의 담당 편집자 B여사였다. 그러고 보니 겨울의 문턱, 산에서는 마지막 단풍이 불타오르는 계절이다. 내 배도 따끈한 음식을 부른다. 우동이라……, 나는 눈을 지그시 감으며 중얼거렸다. 갓 삶아 낸 우동 가락을 장국에 담갔다가 후루룩 빨아들인다. 우동 가락에 날계란을 톡 깨뜨려 넣고 거기에 장국을 끼얹어 마구마구 저어서는 공깃밥을 먹듯이 입에 쓸어 담는다. 오, 내 사랑 사누키 우동. 세계 최고의 패스트푸드. 도쿄에서의 잡다한 일에서 벗어나, 어지럽게 오르내리는 주가도 잊고, 본고장에서 먹고, 먹고, 또 먹고 싶다. 우동에서 피어오르는 김에 안경이 부예졌으면 좋겠다.

그러나 나는 즉답을 피했다. 이래 봬도 학습 능력은 있다. 분슌이 나를 거저 어디에 보내 줄 리 없지 않은가. 얼핏 들은 소리에 따르면, 기오이초에 있는 사옥의 깊고 은밀한 곳에서는 '그 소설가는 가혹한 일을 당해야 제대로 된 원고를 쓴다'고 수군거린다지 않는가. 속셈이 있는 게 분명하다.

"모처럼 가는데 '오헨로(お遍路. 일본 진언종의 창시자 고보 대사가 고향인 시코쿠 섬을 일주하면서 수행했던 장소인 88개의 사찰을 순례하는 일—옮긴이)'도 하고요."

오호라, 그렇게 나오신다. 이 추운 날, 나더러 걸으라고?

"운동을 해야 우동도 맛있죠."

말이야 옳은 말이지만, 사찰 순례라면······. 딱히 빌 일도 없는데.

"아뇨, 있을걸요."

뭐야, 사람 속을 훤히 들여다보고 있는 듯한 그 말투는.

"좋을 거예요. 11월 말에 2박 3일로 부탁드릴게요."

아니, 그러니까 말이지, 굳이 이런 계절에 걸을 것까지야.

"걱정 마세요. 절반은 택시를 대절할 거니까."

내 말은 아예 듣지도 않는다. 사내에서 '그 소설가는 밀어붙이면 된다'는 소문도 돌고 있는 것인가. 이리하여 소설가는 또 비행기에 몸을 실었다. 이 몸, 내년이면 쉰 살의 소설가인데 번번이 가볍게 취급당하고 떠밀려 다니는 신세입니다.

오전 10시 50분, 다카마쓰 공항에 도착. 동행은 B여사와 Y씨, 그리고 젊은 새 담당자 A군, 그렇게 셋이다. 소설가의 수호신으로 편집자가 세 명이나 졸졸 따라오다니. 물론 사누키 우동의 힘일 것이다. 그런데 출장이란다. 세상의 회사원들은 분노해야 마땅하다.

다카마쓰의 하늘은 어두운 구름으로 덮여 당장이라도 눈물을 흘릴 것 같았다. 바람도 차갑다. 일기 예보에서는 구름 후 비, 라고 했다.

그런데 나는 예습도 없이, 일정도 전혀 모르는 채 이곳에 왔다. 전날까지 너무 바빠서 가이드북조차 훑어볼 틈이 없었던 것이다. 게다가 '오헨로'가 정확하게 무엇인지도 잘 모르고 있으니 태만하다고 할 수밖에 없다. 요즘의 내 생활에는 이렇게 '가서야 비로소 아는' 패턴이 많다. 어제도 별 생각 없이 인터뷰 요청을 수락하고 출판사에 갔더니 신문과 잡지의 인터뷰가 다섯 건이나 줄줄이 잡혀 있고, 사인본을 200권이나 만들어야 하는 가혹한 작업이 기다리고 있었다. 아무래도 나는 일의 기본인 '확인'을 게을리 하는 경향이 있는 듯하다.

공항에는 사전에 예약한 관광 택시(왜건형)가 기다리고 있었다. 그길로 우동을 먹으러 갔다. 가이드이기도 한 운전사 아저씨에게 우동집을 추천해 달라고 했더니 교외에 있는 '오가타야'라는 가게로 데리고 갔다. 우선은 심플하게 간장 우동(421엔)을 주문했다. 그러자 점원이 무와 강판을 턱 갖다 놓는다. 제 손으로 무를 갈라는 뜻인 듯하다. 그러죠, 뭐. 쓱쓱쓱쓱. 쌉싸래한 무 냄새가 코를 찌른다. 5분 정도 지나자 우동이 나왔다. 간 무를 대량 투입, 젓가락으로 휘저어 입에 넣었다.

음, 이 맛이야. 일동, 눈을 지그시 감는다. 쫄깃쫄깃하게 씹히는 맛하며 매끄럽게 넘어가는 면발의 느낌이 일품이다. 왜 도쿄에서 먹는 사누키 우동과 이렇게 다른지, 늘 불가사의하다. 물과 공기는 운반할 수 없어서일까요. 한 그릇 더 먹고 싶었지만 또 다음이 있으니까 참기로 한다.

자, 이제 사찰 순례인가요.

다시 택시를 타고 향한 곳은 오헨로 용품을 파는 전문점이었다. 오호, 이런 게 다 있군요. 온통 사찰 순례에 필요한 물품으로 가득하다. 경기의 영향을 전혀 받지 않는, 후련하리만큼 경제의 압박에서 해탈한 가게다. 그래서, 뭘 산다고?

"오쿠다 선생님은 백의(白衣. 수의를 상징하는 것으로, 옛날에는 순례 도중 병이나 사고로 죽는 일이 많아 미리 죽을 각오를 하고 떠난다는 뜻으로 이렇게 입었던 것이 지금까지 전해 내려온다 — 옮긴이)를 한 벌로 걸치세요."

A군의 말이다. 뭐? 나는 그런 말을 들은 적도 없고, 그저 맨몸으로 오면 된다고 해서 왔는데.

"형식을 갖추면 마음도 절로 긴장되는 법이잖아요."

Y씨가 그렇게 말하며 은근하게 미소짓는다.

"코스프레, 좋아하지 않으세요?"

이번에는 B여사다.

아니 누가? 기를 쓰고 저항해 결국 민소매 하얀 윗도리만 걸치기로 한다.

그런데 이번에는 서로 담합한 가게 주인과 택시 운전사 아저씨가 다가와, 옷만 걸쳐서는 안 된다면서 이것저것 사라고 권한다.

알겠습니다. 사요, 삽니다. 그들이 권하는 멋들어진 나무 지팡이를 손에 들고 가격표를 보니, 헉, 3만 엔이나 한다. 이 몸, 초보자인지라 좀 더 싼 것을…….

"갓도 쓰셔야지요."

아이고, 이런 스타일은 좀 본인의 미의식에…….

"꼭 사야 됩니다. 오늘은 비도 올 것 같으니까."

아, 네. 결국 지팡이에 지팡이 커버, 갓, 민소매 하얀 윗도리, 약식 가사(袈裟), 염주, 납경장(納經帳. 각 사찰에서 방문 확인 도장을 받기 위한 수첩—옮긴이)까지 구입하고 말았다. 내 장비만 구입하는 데 든 돈이 자그마치 1만 650엔. 아까 '해탈'이라고 했던 말은 취소다. 알고 보니 장사에 아주 열심인 가게였군. 그런데 가게 주인에게 염주를 어떻게 쥐고 다

뭐야 하느냐 묻자 운전사 아저씨에게 물으라면서 내빼고 만다. 으음, 전문점이라면서요.

장비를 몸에 걸치고 쓰고 손에 들고 하여 기념 촬영을 한다. 혹시 이 몸, 너무 쉬워 보이는 것 아닐까요. 문득 내 처지를 돌아보는 세밑입니다.

오후 1시, 이번 순례의 출발점인 제75번 사찰 젠쓰지(善通寺)로 갔다. 윤년에는 섬을 시계 반대 방향으로 돌아야 운수가 좋다고 해서 이번 순례는 88사찰을 거꾸로 돌기로 한 것이다. 택시는 다음 장소로 먼저 가 있고, 우리 일행은 걸어서 순례할 계획이다.(이렇게 쓰고는 있지만, 이 시점에서는 내가 뭘 하려고 하는지 전혀 모르고 있었다).

택시 운전사에게 배운 대로 우선 산문(山門) 앞에서 배례. 산문을 지나 경내로 들어서면 물간에서 손을 씻고 입을 헹구고, 이어 본당 앞에서 정해진 장소에 촛불과 향을 피운다. 그리고 납찰(納札. 자신의 이름과 주소, 방문일, 기원하는 내용 등을 적은 종이나 패 — 옮긴이)에 이름을 써서 새전함 옆에 비치되어 있는 상자에 넣고 새전함에는 돈을 바친다. 그 후에는 본당을 향해 합장하고, 차분한 마음으로 경을 읊는다. 물론 경을 모르니까 이 과정은 통과. 옆에 있는 대사당(大師堂) 앞에서도 이 과정을 똑같이 반복한 후, 납경소(納經所)에 가서 납경장에 도장과 묵서(墨書. 절의 이름 등을 붓글씨로 써 주는 것—옮긴이)를 받으면(300엔) 끝이다.

납경장에 도장과 묵서를 받으니 왠지 분위기가 무르익는다. 도장은 한마디로 기념 스탬프라고 생각하면 된다. 시코쿠 88 사찰 가운데 하나를 제패한 셈이다.

자, 그럼 두 번째 우동을 먹으러 갈거나. 그런데 B 여사가 "조금 전에 먹었잖아요."라고 매정하게 되받아친다. 물론 배가 고프지야 않지. 할 수 없이 우동은 포기하고 넷이서 터벅터벅 걷는다. 다음 목적지는 1.6킬로미터 떨어진 고야마지(甲山寺)다. 나는 한가로운 전원 지대를 걷겠거니 하고 막연히 상상했는데, 실제로는 덤프트럭이 쌩쌩 지나다니는 지방 도로였다. 게다가 보도도 없다. 펭귄처럼 한 줄로 서서 어깨를 움츠리고, 하얀 선만 그어진 50센티미터 정도 너비의 갓길을 오들오들 떨면서(지나가는 차 때문에) 걸어가야 한다. 상당히 위험하다. 통학로였다면 학부형들이 잠자코 있지 않을 수준이다. 듣자 하니 시코쿠 섬 88 사찰 전체를 세계 유산에 등재하려는 움직임도 있다는데, 이래서야 좀 힘들지 않을까요. 길가에는 러브호텔도 많고 말이죠.

써늘하게 한기가 스미는 가운데 30분 정도 걸으니 74번 사찰인 고야마지가 나온다. 배례를 마치고 납경장에 또 도장과 묵서를 받는다. 왠지 기쁘다. 단체로 방문한 학생들이 있었는데 그들은 모두 평상복 차림에 지팡이도 짚지 않았다. 나의 이 과도한 차림새는 대체 뭐란 말인가.

자, 이제 우동이다. 운동도 웬만큼 했으니까. 그런데 또 A군 왈,

"가는 도중에 가게가 있으면 들어가죠. 다음은 3.5킬로미터 거리에 있는 슛샤카지(出釋迦寺)입니다."

또 걸어?

"물론이죠."

네, 알겠습니다. 또다시 위험한 지방 도로를 걸어간다. 빗방울이 후드득 떨어졌다. 비옷이 없는 터라 갓이 큰 도움이 되었다. 하지만, 사람들이 보면 대체 무슨 집단인가 의아해할 것이다. 순례자 차림인 나를 선두로, A군은 스노보드 웨어, B여사는 세련된 코트 차림, Y씨는 플리스 점퍼에 청바지. 이 무질서함이라니, 마치 뉴욕 지하철에 탄 손님들 같다. 특히 Y씨는 후지 록 페스티벌에 가든 베이징 올림픽에 가든 '동네 아저씨'로밖에 보이지 않는 특수한 기능의 소유자다. 이곳 가가와에서도 하얀 비닐 주머니를 들고 '편의점에 잠깐 얼음 사러 간다'는 식으로 걷고 있다. 아무도 순례자라고 생각지 않을 것이다. 자연과 장소에 그대로 녹아든다. 이 무아의 기술이야말로 오랜 세월 문예 편집자로 일하면서 키워 온 카멜레온적 비법일까.

가는 길에 우동집은 없었다. 그럴 만한 분위기조차 없는 길이다. 게다가 어느 정도 지나고부터는 경사가 심한 오르막길이 계속된다. 비도 본격적으로 내려 추운 데다 배도 고프다. 나는 소설가란 말입니다. 그것도 웬만큼 베테랑이라고요. 뭐가 아쉬워서 고행 르포를 써야 한단 말입니까. 분순, 한 번 정도는 내게 우아한 여행을 시켜 줘도 괜찮지 않을까요.

투덜투덜 불평을 늘어놓는 동안 어느덧 산기슭에 있는 73번 사찰 슛샤카지에 도착했다. 먼저 와 있던 택시 운전사 아저씨가 이런저런 설명을 해 주는데, 예습을 전혀 하지 않은 나로서는 무슨 소리인지 알아들을 수가 없다. 어쨌든 고보 대사가 몸을 던진 장소라는 얘기다(신화 속의 이야기로, 죽지는 않았다고 한다). 그리고 산 위쪽에 거대한 바위가 있는데 거기에 사람의 얼굴이 있다기에 눈을 찡그리고 바라보니, 뭐 그렇게 들어서 그런지 사람 얼굴 모양인 것 같기도 하다.

"저게 고보 대사의 얼굴입니다."

택시 운전사가 자랑스럽게 말한다.

그런가요? 그렇다고 해 두죠.

"이 산 중턱에 고보 대사가 몸을 던진 절벽이 있는데, 걸어서 40분 정도 걸립니다. 어떻게 하시겠습니까?"

어떻게 하다니. 편집자들과 얼굴을 마주 본다.

"아니면 요 앞에 배례소가 있는데, 거기에서 염불을 외어도 올라간 것과 똑같은 이익을 얻을 수 있습니다."

"그럼 그쪽으로 하죠."

내가 재빨리 대답했다. 고보 대사님, 꽤 융통성 있으시다.

비는 계속 내리는데, 이번에는 약 600미터를 걸어 72번 사찰인 만다라지(曼茶羅寺)로. 이쯤 되자 나도 뻔뻔해져서 어떻게든 빨리 끝낼 생각만 한다. 손도 대충 씻고, 10엔짜리 동전이 떨어져서 새전도 생략. 동전을 던지는 B여사 옆에 슬며시 붙어 합장만 하는 불경한 태도라니. 이익? 뭐, 없겠지요. 주가도 떨어진 채 올라가지 않겠지요. 그보다 배가 고프다. 몸도 차갑고. 우동을 먹지 않으면 한 발짝도 움직이지 않겠다고 떼를 썼다.

A군, 택시 운전사에게 근처에 있는 맛있는 우동집으로 안내해 달라고 부탁한다. 휴우, 살았다.

절 넷에 우동 두 그릇, 이건 얘기가 다르잖아. 확인 작업을 게을리 한 대가인가.

관광객이 과연 오기나 할까 싶은 허름한 우동집에서 튀김우동(450엔 정도였다고 생각합니다)을 먹는다. 따끈한 국물이 오장육부에 스며든다. 우우. 본의 아니게 비까지 맞으며 걸었던 순례길 덕에 우동이 더 맛있다.

가게 안에는 그 고장 사람들이 아주 많았다. 오후 4시가 조금 지난 어중간한 시간인데 모두들 우동을 후르륵대고 있다니, 정말 간식 대신인가 보다. 그런데 이런 변두리(죄송합니다) 우동도 이렇게 맛난 걸 보면 사누키 우동은 성직자처럼 양심적인 것 같다. 미국에서 엉터리 핫도그를 팔았다가는 왕따를 당하는 것처럼, 역사가 있으니 허투루 만들 수 없는 것이다.

Y씨가 오뎅이 담긴 통에서 먹고 싶은 것을 골라 먹기 시작한다.

"다음 절은 택시로 가시죠."

과연 중간 관리직이라 말이 통한다. 3.7킬로미터나 된다니까 걸어가면 해가 저물고 말 것이다.

그럼 나도 오뎅을. 삶은 계란과 소 힘줄을 꺼낸다. 맥주도 마시고 싶은데, 다들 한 잔씩 마시면 어떨까요?

"다음에 갈 이야다니지(彌谷寺)는 88 사찰 가운데서도 험하기로 손꼽히는 곳이라는데요. 돌계단이 540개나 있답니다."

A군이 가이드북을 보면서 설명한다.

미리 말을 하지. 내일로 돌리면 안 되나?

"안 됩니다. 납경소가 오후 5시면 문을 닫거든요. 서둘러야겠습니다."

맥주를 포기하고 마지못해 가게를 나섰다. 비는 그쳤지

만 내쉬는 숨이 하얗다. 나도 모르게 목을 움츠린다. 싸늘하고 맑은 공기가 정말 상쾌하다. 호오, 가가와가 이렇게 추운 곳이었군. 도쿄보다 따뜻할 거라고 내 멋대로 생각하고 있었다.

오후 4시, 이야다니지에 도착. 택시를 탄 채 산길을 올라갔더니 차단기가 길을 가로막고 있다. 택시 운전사 아저씨의 설명에 따르면, 차를 타고 좀 더 올라가면 돌계단 100개를 줄일 수 있는데, 그러려면 통행료 1,000엔(일반 승용차는 500엔)을 내야 한단다. 으음, 한 계단에 10엔꼴이로군. 참배도 돈에 좌우된다. 물론 계단을 덜 오르는 쪽이 좋다. 어차피 회사 돈이니까.

택시에서 내려 인왕문을 지나 가파른 돌계단을 오른다. 이 돌계단이 본당까지 263단에 또 170단이나 이어져 있다. 다리가 후들후들 떨린다. 하악하악. 허억허억. 그러고 보니 올 여름 만리장성에서도 이런 꼴을 당했었지. 그것도 분슌의 일이었다. 대사당은 170단을 도로 내려와 다른 돌계단을 108단 올라간 곳에 있었다. 커억커억. 죽겠다. 이런 곳에다 용케 절을 세웠구나. 하지만 나는 칭찬할 수 없다. 목수가 얼마나 고생했을지 생각해 보란 말입니다.

경내에는 순례자들이 여럿 있었다. 나보다 훨씬 나이가

지긋한 분들이다. 저분들은 오늘 일정을 여기서 끝내겠지. 가파르고 끝없이 이어지는 계단을 무사히 올라온 성취감 때문인지 모두들 화기애애하게 담소하고 있다. '선남선녀'라는 단어가 떠오른다. 민초들의 신심은 상당히 바람직한 것이다. 일본 사람들에게는 종교가 없다고 흔히들 말하는데, 얼토당토않은 소리다. 일신교와 달리 사회적 압박 없는 자연스러운 신앙심은 이 지구상에 그리 흔치 않다. 일본인들의 신앙심은 그래서 자유롭고 온화하다. 무엇보다 '이익'이라는 말이 좋다. 다른 종교는 용서를 구하기 위해 기도하지 않는가.

나이 지긋한 남자 하나가 통행료에 대해 농담조로 투덜거리자 주지승인 듯한 인물이 "몸이 고달파야 이익이 더 많습니다." 하고 퉁명스럽게 되받는다. 그 멍청해 보이는 인상이 좋았다. 그리고 돌아오는 길에 택시 안에서 운전사 아저씨에게 이런 말을 들었다.

"그 주지 스님은 지금도 순례자들을 자택에 무료로 재워준답니다."

훈훈한 미담이다. 통행료 하나 가지고 툴툴거려 죄송합니다. 일본 사람들, 아직은 쓸 만하군요.

오후 5시, 첫날 순례가 끝났다. 자, 그럼, 숙소로 갑시다. 따끈한 온천에 몸을 담그고, 맛난 것을 신나게 먹고. 그런데 숙소는 어떤?

"네, 숙박 시설과 레스토랑이 있는 온천입니다."

A군이 눈길을 돌린 채 우물쭈물 말한다. 어쩐지 불길한 예감. 가 보니 이른바 건강을 테마로 한 온천이었다. 이부자리도 제 손으로 깔아야 하는 모양이다. 뭐, 그럽시다. 온천과 맥주만 있으면 그만이지. 나는 너그러운 소설가다.

레스토랑에 가서는 값도 싸고 해서 닥치는 대로 주문했다. 닭 꼬치구이, 오징어 다리 튀김, 회, 시원한 날두부, 김치찌개, 야키 소바, 볶음밥. 야, 뭐든 다 있군요. 방으로 돌아온 후에도 들고 온 소주로 술판을 벌인다. 순례의 몸인데 삼가 조심할 줄을 모르는 분슌 88 사찰 순례단.

이틀째. 아침을 먹고 체크아웃 시간이 될 때까지 방에 깔린 납작한(정말 납작했습니다) 요에 누워 가이드북을 읽는다. 오헨로란 무엇인가 했더니, 고보 대사의 수행과 연관이 있는 시코쿠 섬 88군데의 사찰을 순례하는 것이란다. 88이란 견해의 번뇌이며, 사찰 순례를 함으로써 나머지 행동의 번뇌 20에서 벗어나고, 도합 108 번뇌에서 벗어나 자타가 함께 구제된다고 한다. 각 사찰에는 1번부터 88번까지 번호가 있고, 1번부터 차례대로 도는 것을 '순례', 반대로 88번에서 시작해 거꾸로 도는 것을 '역순례'라고 한다. 한 번의 역

순례는 순례 세 번분의 이익과 공덕을 쌓을 수 있다는데.

어제는 이 몸, 그런 기초 지식도 모르는 채 투덜투덜 불평만 늘어놓으며 걸었군요. 더불어 어제 첫 번째로 참배했던 젠쓰지는 고보 대사가 태어난 장소로, 대사 3대 영적(靈蹟)의 하나로 꼽힌다고 한다. 오오, 좀 더 성의 있게 참배할 걸 그랬다.

반성하고. 어제와는 다른 관광 택시를 타고 70번 사찰인 모토야마지(本山寺)를 향해 곧바로 출발. 운전사 아저씨, 우리가 초보라는 것을 한눈에 알아보았는지 운전하면서 이런 저런 강의를 해 준다.

"경을 모르면 그냥 '남무대사편조금강(南舞大師遍照金剛)'이라고만 외어도 됩니다."

알겠습니다.

"그리고 지팡이도 중요합니다. 세워 놓는 것이 기본이죠. 아무 데나 뉘어 놓으면 안 됩니다."

아흐. 내 지팡이, 자동차 바닥에 굴러다니고 있었습니다.

어제의 택시 운전사도 그랬지만, 시코쿠에는 '시코쿠 88 사찰회 공인 안내인'이라는 가이드가 있어 순례 초보자들에게 요모조모 친절하게 가르쳐 준다. 그 태도가 정중하고 성실해서 듣는 이의 태도까지 절로 공손해진다. 역시 장난 삼아 순례길에 나서서는 안 되겠군요. 편집자들이여, 알겠는가.

오전 9시 반, 70번 사찰인 모토야마지에 도착. 마음을 가다듬고 인왕문 앞에서 허리 굽혀 배례하고 문 안에 발을 들여놓는다. 정면에 자리한 중후한 본당은 지은 지 709년이나 된 국보다. 지붕이 그리는 독특한 곡선이 아름답다. 오층탑은 메이지 시대에 건조한 복제품이지만 충분히 관록이 있어 보인다.

참배를 끝내고 납경장에 도장과 묵서를 받는다. 벌써 6페이지. 우히히, 신나는 도장 모으기.

다음 절까지는 도보로 약 5킬로미터 거리다. 어제는 날씨가 그렇게 우중충하더니 오늘은 하늘이 맑게 갰다. 넷이서 씩씩하게 걷는다.

그런데 바람이 세다. 차가운 강바람이 앞에서 쌩쌩 불어온다. 주위가 온통 논이라서 바람을 막아 줄 게 없다. 이건 좀, 뭐가 아쉬워서 이런 생고생을 하나. 아니지, 수행이라고 생각하시게. 오늘의 이 차가운 맞바람이 언젠가는 소설의 소재가 되어 돌아올 것이야. 걸작 탄생, 잇달아 증쇄, 그렇게 믿고 싶다.

등을 잔뜩 움츠리고 행군을 계속한다. 그런데 Y씨 혼자서만 '동네 아저씨' 폼을 발휘해 가벼운 차림에 사뿐사뿐 걷고 있다. 안 추운가?

"괜찮습니다. 뒤에서 걷고 있으니까요."

그렇게 태연히 대답한다.

그랬군. 소설가를 바람막이로 삼고 있었어.

강을 따라 나 있는 국도로 접어들어 보도를 하염없이 걷는다. 길이 너무나 단조로운 데다 바람을 고스란히 맞고 있어, 강둑 아래 샛길로 몸을 피해 본다.

그런데 실수였다. 먼 길을 빙빙 돌아 원래의 국도로 돌아가는 신세. 내가 그러자고 한 터라 불평도 할 수 없다. 수행, 수행.

그건 그렇고, 이 길을 찾는 순례자들이 연간 30만에 이른다고 하니 조금 더 정취가 있어도 좋지 않을까 싶다. 꽃 피는 오솔길까지는 아니어도, 자동차 배기가스는 없었으면 좋겠다.

1시간 20분 걸려 69번 사찰인 간온지(觀音寺)에 도착. 뒤쪽으로 고토비키 산이 솟아 있어 경관이 무척 아름다운 절이다. 이 계절에는 특히 단풍이 아름답다. 앞서 와 있던 택시 운전사에게 설명을 듣자 하니, 서원의 입체 정원인 '기기엔(巍巍園)'은 철쭉의 명소로 유명하단다. 주워서 집에 가지고 가고 싶을 만큼 단풍의 색이 선명했다.

68번 사찰인 신네인(神惠院)은 같은 경내에 있다. 1분을 걸어서 이동. 편해서 좋다. 고보 대사의 서비스일까. 그 후에 고토비키 산에 올라 아리아케 해변을 내려다보았다. 이 해변에는 옛 동전 관영통보를 본뜬 거대한 모래 그림이 있는데, 그 둘레의 길이가 무려 350미터나 된다. 1600년대에 영내를 시찰하려고 행차한 영주를 환영하기 위해 부랴부랴 만든 것에서 유래하며 지금도 해마다 새로 복원한다고 한다. 바다와 함께 바라보면서 잠시 휴식.

또 배가 고프다. 우동이 먹고 싶다. 택시 운전사 아저씨에게 맛있는 우동집을 소개해 달라고 하자 '후쿠다'라는 떡 가게를 권한다. 떡 가게라고요?

"우동도 합니다. 아주 맛있어요."

이 고장 사람이 하는 말이니 믿어 보기로 했다. 가 보니, 점심때가 가까운 시간이라 그런지 적당히 북적인다. 택시 운전사 아저씨의 추천 우동은 단팥 찹쌀떡이 들어 있는 '백된장 떡우동'(510엔). 가가와의 떡국에는 일반적으로 단팥 찹쌀떡을 넣는다는데, 거기에 우동 가락을 넣은 것이 바로 이 메뉴다. 단팥 찹쌀떡이라, 어째 내키지가 않는다.

"맛있습니다. 한번 잡숴 보세요."

알겠습니다. 로마에 가면 로마법을 따르라고 했던가요. 그래서 먹어 보니, 정말 맛있다. 빈말이 아니다. 우동과 달달한 떡의 환상적인 조화. 싸늘하게 식은 몸에 단맛이 부드럽게 스며든다. 백된장의 감칠맛도 훌륭했다. 우리가 좋아하는 것을 보고서 운전사 아저씨도 기뻐하는 것 같다. 이 가게에도 오뎅이 있다. 삶은 계란과 오뎅을 먹는다. 그런데 가가와에는 왜 가는 우동집마다 오뎅이 있는 거죠?

"왜라니······."

운전사 아저씨가 대답을 못한다. 나고야의 찻집에 가면 주전부리가 있는 것처럼, 당연한 일에는 아무도 의심을 품지 않나 보다.

배가 든든해졌으니 다시 67번 사찰인 다이코지(大興寺)로 출발. 10킬로미터나 떨어져 있기 때문에 택시로 이동한다. 차창으로 바라보는 가가와의 시골 풍경이 꽤 정취 있다. 우선 도쿄 사람인 내 눈에는 기와지붕부터 신기하다. 그것도 전통적인 검은 기와다. 새로 지은 집들도 모두 일본식 가옥이어서 경치에 통일감이 있다. 개성이랍시고 유치한 서양식 주택을 지으려 하는 도시인들에게 각성을 촉구하고 싶다. 일본 사람에게는 기와가 최고다.

그리고 흙이라도 쌓아 놓은 것 같은 원뿔 모양 산도 우리에게는 독특해 보였다. 지형학적으로 뭐라고 하는지는 문외한이라 잘 모르겠지만, 마치 원뿔을 갖다 놓은 것처럼 평지에 오뚝오뚝 서 있다. 그런 산이 여기저기에서 단풍에 불타고 있다. 세계 유산으로는 이쪽을 밀어야 하지 않을까 싶다.

12시 반, 다이코지를 참배. 이것으로 아홉 군데의 절을 순례했다. 분순 순례단, 이제 제법 순례자 티가 난다, 는 아니고, 적어도 수순을 몰라 우왕좌왕하는 일은 없어졌다. 그리고 오늘의 마지막 사찰인 66번 운펜지(雲邊寺)로. 운펜지는 가가와 현과 도쿠시마 현 경계에 있는 운펜지 산(표고 927미터)에 위치한다. 시코쿠 섬 88 사찰 가운데 가장 높은 곳에 있고, 승려들의 도량으로도 번창했기 때문에 '시코쿠 고야(高野)'라는 이름으로도 불린다. 주소는 도쿠시마 현이지만, 사누키 '열반의 도량(사누키는 가가와 현의 옛 이름으로, 가가와 현에 있는 마지막 66번~88번까지의 사찰을 이렇게 부른다 — 옮긴이)' 첫 번째 사찰이다. '역순례'를 하고 있는 우리 일행에게는 순례를 마무리하기에 더없이 좋은 절이다(어제와 달리, 예습을 많이 했죠).

거리가 꽤 있어 산 아래까지 택시로 이동한다. 산기슭에 케이블카가 있어서 그걸 이용하면 7분이면 절에 도착한다는데⋯⋯.

"오쿠다 선생님, 어쩌시겠습니까?"

A군이 묻는다.

모두의 얼굴을 본다. '원고를 위해서라도 걸어라'라고 쓰여 있다. 네, 그럽죠. 걸어서 가죠. 택시 운전사 아저씨와 의논해 보니, 전체를 걸어가기는 무리라며 도중에 내려 주겠노라고 한다.

"산속 기온은 3도 정도래요."

허억. 속바지라도 입고 올 걸 그랬다.

구불구불한 산길을 택시를 타고 한없이 올라간다. 피곤해서 그만 나는 잠이 들고 말았다. 퍼뜩 눈을 뜨니 한 시간쯤 지났고, 인적 드문 산속에 와 있었다. 눈에 보이는 것은 끝없이 이어지는 산봉우리들. 먼 풍경이 안개가 낀 것처럼 부옇게 보여 실로 환상적이다. 일본은 넓다. 좁은 곳에 얽매여 있는 나 자신이 바보처럼 느껴졌다.

오후 2시, 산길 중간쯤에서 택시를 내렸다. 여기서부터 운펜지까지는 약 2킬로미터. 걸어서 가는데 무슨 의의가 있나 모르겠지만, 편해지려고만 하는 요즘의 나 자신을 채찍질할 수 있는 좋은 기회다.

산속이라 몹시 춥다. 내쉬는 숨이 하얗다. 손도 시리다. 바람이 불지 않아 그나마 다행이지만, 땅에서 냉기가 싸하게 올라온다. 곰이라도 불쑥 나타날 것만 같은 분위기. 지팡이에 달린 방울을 의식적으로 흔든다.

경사가 가파른 언덕길이라서 숨이 금방 가빠진다. 천천히 체온도 올라간다. 이마에 송골송골 땀이 맺히기 시작한다.

경치가 너무 아름다워서 때로 걸음을 멈추고 넋을 놓고 바라보았다. 과거에는 '순례 고개'라 하여 순례자들을 좌절케 했던 난관이었다. 옛날의 순례자들은 무슨 생각을 하며

이 길을 걸었을까. 내려가면 우동이나 먹고 싶다는 생각은 분명 아니었을 테죠만.

 아쉽게도 본당이 공사 중이라서 임시 본당에서 참배를 하고 대사당으로 이동했다. 그런데 대사당에서는 서른 명쯤 되는 순례단이 스님을 앞에 하고 경을 읊고 있었다. 전원 순례자 차림에 약식이 아닌 경을 읊고 있다. 남녀가 반반씩이고 나이층은 제각각이다. 그런 인원 구성이 예사 단체객이 아님을 말해 주고 있었다. 모두들 진지하다.

 A군이 직업의식을 발휘해 사진을 찍으려 하자 Y씨가 '동네 아저씨'가 아니라 상사의 표정으로 "그만두지."라며 손으로 제지한다. 함부로 카메라를 들이대서는 안 될 만큼 분위기가 엄숙했던 것이다.

 나 역시 동감이었다. 알지 못하는 사람들이지만, 나는 그들에게 최고의 경의를 표하고 싶었다. 무엇보다 모습이 아름답다.

 이 세상에는 부처님을 필요로 하는 사람이 무척 많다. 뜻대로 되지 않는 인생, 덮치는 불행, 앞길에는 감당하기 어려운 시련이 수도 없이 가로놓여 있다. 그 모든 것을 혼자 짊어져야 한다면 세상은 힘겹고 괴로울 뿐이다. 시코쿠 섬 88사찰 순례의 키워드인 '동행이인(同行二人)'에는 순례자와 고보 대사가 언제나 함께 순례한다는 뜻이 담겨 있다고 한다. 사람이 뭔가에 매달리는 것은 약해서만은 아니다. 신앙이란, 자칫 꺾이려는 마음을 어떻게든 곧추세우려는 개인의 저항이다. 적어도 타인이 뭐라고 평가할 일은 아니다. 나는 겸허한 마음으로 독경 소리를 들었다. 걸어서 올라오길 잘했다. 88 사찰 순례를 경험할 수 있어 좋았다고 생각한다.

그런데 배가 고프다.

택시를 타고 산을 내려가 택시 운전사가 추천하는 '나가다 우동'으로 직행했다. 이번에는 국수와 장국이 따로 나오는 우동이다.

우동 가락이 나오기를 기다리는 동안 따끈한 장국에 살짝 입을 대 본다. 오오. 잘 우러난 다시마와 가다랑어포의 기품 있는 맛. 그 맛이 배 속까지 퍼진다.

갓 삶아 낸 우동 가락이 나왔다. 장국에 채 썬 파를 뿌리고 생강즙을 섞는다. 그리고 거기에 우동 가락을 담갔다가 입으로 후루룩. 흐음. 모두가 웃는 얼굴이다. 이 추운 날에 고생고생 걸은 보람이 있다.

그런데 오늘 밤 숙소는 어떻게 되나.

"오늘은 곤피라(金比羅. 시코쿠 고토히라에 있는 유명한 온천지대—옮긴이)에 호화 여관을 잡아 두었죠. 선생님 방이 제일 좋습니다."

A군이 대답한다(정말이었습니다).

시코쿠 섬 88 사찰 순례, 그리고 우동 253

장국이 맛있어서 우동 가락 삶은 물을 섞어 마신다.

아, 좋다. 매일 먹고 싶을 정도다. 우동을 먹을 때마다 가가와 사람들이 부러워지는 사누키 여행이었습니다.